超　译

著

[奥] 路德维希·维特根斯坦

[日] 白取春彦

译

李洁

超訳ヴィトゲンシュタインの言葉

维　特　根　斯　坦

你  的

生　存　方　式

外语教学与研究出版社

北京

就　是　整　个　世　界

序

拒斥职业哲学家的哲学家

路德维希·维特根斯坦 1889 年 4 月生于奥匈帝国首都维也纳，他是家里的第八个孩子，他前面已经有了四个哥哥和三个姐姐，他是个老幺。

维特根斯坦家族从他祖父的时代起就已兴旺发达，到了他父亲卡尔维特根斯坦，更是成了奥地利的钢铁大王，富可敌国。其影响力让王室和贵族也望尘莫及，他们和德国重工业企业克虏伯[1]、美国钢铁巨鳄卡内基齐名，还和这些巨头保持良好的往来关系。

家中的八个孩子都被保姆和仆从围绕，养在深宅大院，和一般民众并无接触的机会。虽然有很多仆从和家庭教师，但对他们成长的重要影响并非来自那些平凡的家庭教师和他们的母亲，而是来自藏书、家族财富的力量和纷至沓来的各路艺术家，当然还有他父亲本人。

1　成立于 19 世纪初的著名德国钢铁企业 Krupp，并在两次世界大战中生产军火，以"克虏伯大炮"闻名。有过支持纳粹的不光彩历史。20 世纪末和另一家公司合并，成为蒂森克虏伯公司。——译注，注，以下若无特殊情况，均为译者所注。

家里有四台钢琴供他们玩耍，八个孩子由此都培养出了杰出的音乐才能，其中排行第四的哥哥保罗因为战争失去了右手，但还是成为国际知名的单手钢琴演奏家。拉威尔[1]有一首《左手钢琴协奏曲》就是专门为了保罗而创作的。

父亲卡尔·维特根斯坦是个小提琴手，同时热心赞助音乐家和前卫艺术家。日常出入维特根斯坦家门庭的人物有：施特劳斯[2]、勃拉姆斯[3]、马勒[4]、卡萨尔斯[5]、门德尔松[6]、克里姆

1　莫里斯·拉威尔（Maurice Ravel, 1875-1937），法国知名作曲家。代表作有《达芙妮与克罗埃》、《鹅妈妈》、《茨冈》、《波莱罗舞曲》等。

2　约翰·施特劳斯（Johann Strauss, 1825-1899），奥地利著名的作曲家、指挥家、小提琴家。代表作《蓝色多瑙河》等。

3　约翰内斯·勃拉姆斯（Johannes Brahms, 1833-1897）德国古典主义作曲家、浪漫主义中期作曲家。代表作有《D大调小提琴协奏曲》《匈牙利舞曲第五号》等。

4　古斯塔夫·马勒（Gustav Mahler, 1860-1911），杰出的奥地利作曲家及指挥家。代表作有交响乐《巨人》《复活》和《大地之歌》等。

5　巴勃罗·卡萨尔斯（Pablo Casals, 1876-1973），西班牙大提琴家、指挥家。

6　费利克斯·门德尔松（Jakob Ludwig Felix Mendelssohn Bartholdy,

特[1]、霍夫曼[2]、罗丹[3]、海涅[4]等等。

　　在这种艺术氛围浓厚的环境下锦衣玉食地长大的他的姐姐玛格雷特是个性格独特的孩子（她曾仅仅因为好奇而接受弗洛伊德的精神分析），她也是八个孩子中唯一头发颜色不同的孩子；虽然父亲让她阅读拉丁文或德文的古典著作，但她偏偏更喜欢易卜生、叔本华、克尔凯郭尔的书，还有那位二十三岁就饮弹自尽的《性与性格》的作者魏宁格[5]的书。

　　路德维希受到姐姐玛格雷特的极大影响，开始接触歌德的

1809～1847)，著名德国犹太裔作曲家。

　　1　古斯塔夫·克里姆特(Gustav Klimt, 1862-1918)奥地利著名画家。代表作有《埃赫特男爵夫人》《接吻》等。

　　2　约瑟夫·霍夫曼 (Josef Hofmann, 1876- 1957)，波兰钢琴家。

　　3　奥古斯特·罗丹 (Auguste Rodin, 1840-1917)，法国雕塑家。

　　4　海因里希·海涅 (Heinrich Heine, 1797-1856)　，德国著名抒情诗人。

　　5　奥托·魏宁格 (Otto Weininger, 1880-1903)，奥地利哲学家，代表作《性与性格》。

著作和尼采的哲学，并进一步拓展到弗雷格[1]、罗素的著作。在阅读魏宁格的作品的时候，他被一句话深深打动了，那就是"不做出伟大事业的人生是荒废的。"

路德维希有音乐和机械方面的天赋，他八岁就能组装出可以使用的缝纫机器和复杂的飞机模型。插一句题外话，画家克里姆特给玛格雷特画的肖像画现在还在慕尼黑的现代艺术陈列馆里珍藏着。

维特根斯坦家虽然有五个男孩，但除了保罗和路德维希，其他三个都在非常年轻的时候自杀身亡。路德维希还不到十三岁的时候，曾志望成为音乐家的二十六岁的长兄汉斯在巴西乘上一艘小船后失踪；两年后，就读于柏林大学、毕业后打算成为公务员的二哥鲁道夫服毒自尽；他们两人都因为父亲希望他们成为企业家而和父亲发生过激烈的争执。

三哥库尔特则在父亲卡尔去世后，在第一次世界大战中，

---

1 弗里德里希·弗雷格（Friedrich Ludwig Gottlob Frege，1848–1925），德国数学家、逻辑学家和哲学家。是数理逻辑和分析哲学的奠基人。

因为不愿意和部下一起投降而开枪自杀。哥哥们接二连三地自杀，再加上路德维希本身的忧郁气质，让他很多次徘徊在自杀的边缘。在二十五岁前后的日记中，他写道：

> "如果自杀是被允许的，那什么事都可以被允许。如果有一件不应被允许的事，那肯定是自杀。这是拷问道德本质的事情。因为自杀是一种基本的罪……还是说，即便是自杀，就其本身而言，也是非善非恶的呢！"
>
> （摘自藤本隆志《维特根斯坦》）

其实，正如我们能在克里姆特为玛格雷特所画的肖像画里看出的那样，那是一个被肉欲和颓废感笼罩的时代，当时正值世纪末，维也纳的自杀率高居不下。很多著名文化人公开谈论自杀，也有不少付诸实践。理由虽然各种各样，但同性恋带来的苦恼占了不小的比重。

维特根斯坦的家族虽然是犹太裔，但是在他的祖父从萨克森移居到维也纳的时候，他们改信了新教，这样一来，家中的父亲卡尔是新教教徒，而妻子和孩子们都是天主教徒。

然而路德维希的信仰和一般的天主教教徒有所不同，他的信仰非常理性，在他的遗稿中可以发现很多有关基督教的记述。

与此同时，他对自己的血统并非纯正雅利安人，而是有七成犹太血统一事，有着超乎寻常的介意。实际上，从文化的角度来说，维也纳这座城市之所以能成为充满艺术气息的大都会，就是因为有了众多像维特根斯坦家族这样的本土化了的犹太人。

路德维希·维特根斯坦和当时其他贵族子弟一样，十四岁以前都在家里接受教育。之后进入林茨的实业学校，在那里，他成绩不突出，和同学们关系也不融洽，所以真正出现在学校的日子并不多。

之后他进入柏林的工学院，但在那里他也不满意，随后路德维希又转到英国的曼彻斯特大学工学部研修，专门从事飞机螺旋桨的设计和研究，维特根斯坦在那个时候的志向还是成为和父亲一样的企业家。

在进行螺旋桨的研制工作的时候，他接触到了数学基础，由此对数学产生了极大的兴趣，并阅读了罗素和怀特海[1]合写的名著《数学原理》等，还去拜访了弗雷格，并通过弗雷格和罗素跟摩尔[2]结识。

罗素对维特根斯坦的评论如下：

> "他是一个有点怪异的男孩，想法匪夷所思，所以有整整一个学期我都在猜想他到底是个天才，还是只是个怪人……他是我知道的天才中最完美的典型：热情奔放，深刻，又有着强烈的控制欲。"
>
> （摘自克里斯蒂亚娜·肖维雷的《维特根斯坦的一生和他的思想》）

维特根斯坦自此结识了诸多像罗素那样的知识界的精英，

---

1 阿弗烈·诺夫·怀特海（Alfred North Whitehead, 1861-1947）英国数学家、哲学家和教育理论家。——译者

2 摩尔（George Edward Moore, 1873-1958）英国哲学家，新实在论及分析哲学的创始人之一。——译者

继而进入了剑桥大学的研究生院学习，但很快他就在学术上开始和罗素分庭抗礼了。

二十四岁那年的秋天，维特根斯坦来到挪威的乡间，躲进一个田野中的小木屋里闭门写他的论文。1914年第一次世界大战爆发，二十五岁的维特根斯坦在那年8月应征入伍，成为奥地利军队的一名炮兵。他曾经接受过疝气手术，本来可以免除兵役，但他因为强烈的责任感而申请入伍，并参与了和俄军的战斗。维特根斯坦对死亡有着充分的准备，他在1914年的战地日记中写道：

> "也许我的死亡就在一个小时后到来……那样的话，眼前这一个瞬间接一个瞬间，我要怎样活过呢？人生自动结束之前的善与美，应该如何实现？"
>
> （摘自克里斯蒂亚娜·肖维雷的《维特根斯坦的一生和他的思想》）

维特根斯坦表现英勇，获得了好几枚勋章，而在战场中能带给他心灵以安慰的，只有托尔斯泰的《托尔斯泰福音书》[1]，以及他随身携带的修改中的论文。他因为战功被擢升为少尉，但 1918 年他被意大利军俘虏。

包括五年军旅生涯在内，维特根斯坦一共用了六年的时间来完成他的论文，1922 年，该论文以英德对照的形式在英国出版，这就是著名的《逻辑哲学论》，这是唯一一本付梓于其生前的哲学著作。这本薄薄的小册子甫一出版即给哲学界带来了巨大的冲击，因为它把过去所有的哲学整个否定掉了。

当然，所谓"否定"，并不是说他针对过去的哲学著作指出其中的错误，而是他把重点放在人类用于思考和研究的语言表达（即所谓命题）上，分析它到底能对于世界进行多大程度的描述，它的界限在哪里。

从一般读者的角度看，《逻辑哲学论》是一部穿插了算式的数理著作，可是维特根斯坦却认为这本书是关于道德和美学的哲学著作，他在序言里也明确了这一点：

---

1 托尔斯泰对《圣经》的四部福音书进行重新整合和阐释的作品。

"这本书是处理哲学问题的，对这些问题提出疑问的根据……是指出其在语言逻辑使用上的错误。本书的全部意义可以用这句话来概括：可以用语言描述的东西我都明确地说出来了，而那些无法用语言描述的东西我保持沉默。"

也就是说，维特根斯坦认为，过去的哲学之所以无法解决重大难题，并不是因为那些哲学问题太难，而是因为语言的不当使用。那些哲学问题之所以无法突破，是因为人们一直要用语言描述其无法描述的东西。这些东西只能通过行为来示现，或者干脆缄口，用音乐和绘画进行另一种表达。

维特根斯坦出版了这部著作之后，认为哲学的难题已告解决。战争改变了他，他变得更加倾向于宗教，既然哲学方面已经没有什么可做的了，他决定成为一名神父或者教师。

他一直有一个强烈愿望去过淳朴的生活，所以这一次他把父亲留给他的巨额遗产全部让给了哥哥和姐姐。

可以说维特根斯坦实现了自己的愿望，他在师范学校接受了培训之后，1920 年先去修道院做了一名园丁，之后又成了小学的临时教员。受托尔斯泰影响，他对居住于农村的人们抱有一种幻想，但是后来，他发现那些人比他想象的要卑鄙和残忍。

他后来又辗转其他的小学和中学教书，三十七岁的时候辞职了，到一家修道院，做了园丁的助手。这期间他还一边监理姐姐房子的施工，一边进行雕刻的创作（一尊少女的头像）。

他回到剑桥大学是在四十岁的时候，而且很快他就拿到了博士学位，然后在三一学院讲授日常用语的哲学研究课程。学生中有一个名叫艾伦·图灵[1]的人，后来成为计算机的发明者。

维特根斯坦成为教授时已经五十岁了。正逢反犹的纳粹分子控制整个德国和奥地利，维特根斯坦因为自己是犹太人混血，无奈只得换成了英国国籍。

"他上课的时候从来不会带笔记本或者任何形式的备

---

[1] 艾伦·马西森·图林（Alan Mathison Turing，1912—1954），又作阿兰·图灵，英国数学家、逻辑学家，被称为计算机之父，人工智能之父。

课资料。……在教学过程中迸发出来的都不是过去的积累，而是在我们面前现场诞生的全新的想法。"

摘自诺尔曼·马尔康姆《回忆维特根斯坦》[1]

虽然接受了在大学教书的工作，但维特根斯坦对于成为职业哲学家一事以及学院派的气氛还是非常憎恶，常常一上完课，他就会冲进电影院观看时下最流行的美国电影，而且坐在第一排，让屏幕占据自己的整个视野。因为不如此就不足以让他的坏心情得到拂拭。对维特根斯坦来说，哲学授课简直是一种非人的折磨。

他寄宿的大学宿舍里，除了床、桌子和椅子没有任何装饰品，甚至连台灯都没有，虽然有一个手提保险箱，但里面只有他没写完的手稿和便笺。他在穿着上也是干净而朴素，上身一件毛衣或是一件短外套、下身一条灰色法兰绒裤子，衬衫也永远都是法兰绒的。晚餐也极其简朴，只有烤得很硬的面包、黄

1　《回忆维特根斯坦》，诺尔曼·马尔康姆著，1984年，商务印书馆

油和一杯可可。

五十八岁的时候，维特根斯坦辞去了大学教职，六十二岁的时候死于前列腺癌。因为害怕死在医院里，他最后在一位相识于剑桥的医生家里去世。维特根斯坦终生未婚。

在病情不断恶化的弥留之际，维特根斯坦说："请告诉大家，我度过了美好的一生。"

对于自己给世界带来的影响，维特根斯坦这样说：

> "如果说我产生了一些影响的话，可能首先是，因为我的刺激，一些人写了一些不必要的文字，这些没有价值的文字，也许会抛砖引玉，带来一些未曾有过的美好东西。我还可以一直保有希望，也就是这些间接的影响吧。"

> 摘自维特根斯坦《反哲学的残篇》

《逻辑哲学论》是维特根斯坦生前出版的唯一著作，他去世后出版的著作，我在下面做简短的介绍。

《一种哲学的考察》

维特根斯坦为争取大学的赞助金介绍自己的工作内容，写于 1930 年，内容庞杂，包括数理哲学、色彩的语法、关于痛感的陈述、关于意义的实证理论等。

《哲学文法》

语言的意义诞生于语言的用法，而语言的用法和生活的方式是不可分割的。

《蓝皮书和棕皮书》

口述讲义集。里面是关于"语言游戏"（意思是语言由说话当时的状况和背景而决定，而且意思会改变）的具体事例。

《哲学研究》

如果说《逻辑哲学论》是维特根斯坦前期的主要著作，这一部就是他后期的主要著作。然而这部著作的写作形式，就如他所说的"哲学只能像诗一样被创作"，里面都只是罗列了疑问句和自问自答。

在这部著作中，维特根斯坦承认自己先前在《逻辑哲学论》中的看法，即，语言构造忠实再现了现实构造这一思想是错误的。语言并不是现实的单纯素描，而是在无数的背景中可以根据使用而有不同的含义，从这个角度，他开始分析现实中的日常语言。

《心理学评论》

原名是《关于心理学哲学的评论》，这本书考察了知觉、想象、思考、意图、伪装等等，对于弗洛伊德的心理学，他没有给出太高的评价。

《论确定性》

这是将他临死之前写的便笺集结起来的作品。其中提出了对人们所认为的确定性的质疑。

目　　录

1. 关于思考

2. 关于语言

3. 关于心

4. 关于人生

9

5. 关于人

6. 关于世界

7. 关于自己

1.

关于思考

001

不管是谁，都不可能代替你思考

遇事必须由自己深思熟虑，别人，不管是谁，都不可能代替你思考。

就像你戴帽子的时候必须是自己扣到头上一样，思考也必须自己亲身去做。

——《反哲学的残篇》

你觉得可以就可以

对于你的决定有人说三道四吗？有人觉得岂有此理吗？还是人们山呼万岁？

不管别人肯定还是否定，你觉得是对的，这就够了。否定或者肯定不过是一种表达，不过是一句话。

事实不会因为别人的一句话，而有一丝一毫的改变。

——《维特根斯坦讲义》（上）

比较是一种不良嗜好

比较是一种非常不好的习惯，用比较的方法判断价值这种毛病，我们要把它根除掉。

因为不管是人还是物，都有其自己的价值和美感。比方拿一张很有设计感的沙发，和一张可以与恋人一起去观赏的戏剧门票相比，不是世上最愚蠢的事吗？即使都是可以用钱买到的东西，互相比较也如此荒唐，更何况那些对我们来说真正重要的东西呢？

——《维特根斯坦讲义（下）》

所谓思考，就是用大脑描绘画面

所谓思考，就是你自己想象一幅画面。

把一些东西，好像用你自己的眼睛清清楚楚地看到一样想象出来。不管什么样的人，所谓思考，终究是这样的一种过程。

——《反哲学的残篇》

005

我们虽然用逻辑思考，但想出来的东西未必正确

我们根据逻辑思考，究其原因是，我们用来思考的工具 — 也就是语言本身 — 是符合逻辑的。

不过，用正确的逻辑思考，得出的结论未必是正确的，因为每一句话都是合情合理的，但这句话和下一句话的连接有可能是错误的。

此外，我们思考过的事情不一定是符合事实的。因为现实世界比人类能思考的范围和语言能触及的范围还要广得多。

——《逻辑哲学论》

我们都有直线思维的习惯

006

我们一直都是习惯于直线性地思考。

比方说我们思考未来，也是多半以现在的自己为出发点，依着直线，去想象自己将来的样子。

即便是思考整个世界的未来，也是依照现在的世界的样子，假定它一直这样发展开去，达到将来的世界。

我们一般不会设想世界忽然翻天覆地地变了一个样，然后接着又是一次次的大变样。然而现实的世界常常是这样变化着的。

《反哲学的残篇》

用不一样的规则思考

因为存在障碍所以倍感折磨；因为绕不过去障碍所以只能放弃；因为难以克服障碍所以就要认输了？

然而其实不管什么样的障碍，都是可以克服的。

为了这个目标，我们要换一套系统。把至今为止的结论、世上的人能用的思考方式全部一股脑儿抛掉。然后用一套全新的、和现在的完全不同的规则来思考问题。

这就好像我们一条路走不通的时候，换一条路来走一样。这样一来，刚刚还在面前的障碍就消失不见了。

——《维特根斯坦讲义（上）》

琐碎的小事如何扰动你的心?

○|○|8

风一吹树就摇摆，即使是参天巨木也会发出窸窸窣窣的响声。

我们的心和这些树木并无不同，因为无聊的思考、无足轻重的小事、无可奈何的想法而不停摇动。

《反哲学的残篇》

根除难题就像除草

009

地面上杂草四处蔓延的时候，有时候我们拿它没有太好的办法。因为它在地底下的部分盘根错节。

难题也一样，蔓延起来会非常棘手，所以既不能用既有的办法应付，也不能只处理眼睛看得见的地方，必须要找到它的根源，全部加以铲除。

为了这个目的，必须要用前所未有的办法。为了想出这个新办法，我们甚至必须要变出一个崭新的人格！

——《反哲学的残篇》

不要躲到常识里去

010

只要我们活着，就会遇到各种各样的问题。要面对这些问题，和它们搏斗，绝不能选择逃跑。

也不要拿常识来试图解决它。不要借口这样做是常识，所以就这样做。人人都知道的常识可以慰藉处在当时情况下的人，但绝不能解决问题。

所以，我们要让自己的身心全部沉入到问题的泥潭，同时拼命挣扎求生，直到最后终于战胜了它，靠自己的力量爬上岸来。

——《维特根斯坦讲义（下）》

真正的理解来自生活

小孩子会说："这个在学校里学过了，我知道；那个学校没有教过，所以我不知道。"

然而小孩子嘴里的"知道"和"理解"其实是两个意思。他只是表达了自己"知道"了这个词汇而已。

想要他们自己真正理解，必须让他们获得真实的生活体验。其实不光是小孩，大人也不例外，只有和自己的体验、生活的经历真正水乳交融的东西，才能够被理解。只运用头脑，是什么都无法理解的。

——《哲学文法（上）》

舍弃因果宿命论

你常常会想："果然只能是这个结果。"这样想事情实在是太轻松了。因为你认为没有别的办法，所以就放弃努力。

然而这只是老人家常用的宿命论。是一种完全缺乏柔韧性的、僵硬的思维的产物。

沿着这条路走下去，就发现不了任何其他的可能性。也渐渐失去靠自己的力量解决问题的气魄。

所以，你应该想的是："不对，如果我提前做了另外一件事，说不定就可以不是这样。"如此一来，下一个新的想法和行动就会诞生。

答案不是「逻辑上正确的」，而是「应付得了现实的」

国王对公主说："你来见我的时候，不要光着，但也不能穿着衣服。"

聪明的公主成功解决了这个难题：她穿着捕鱼用的渔网，来到了国王的面前。

现实世界中，每天遇到的问题，和童话里的这个无厘头故事是一样的。正确的答案不是藏在什么地方要我们找出来；而是只要你拿出的方案让对方无话可说，就是正确的回答。

对方并不是让你找逻辑上的"正确答案"，而是让你找"能抵挡现实"的回答。

——《维特根斯坦讲义（下）》

凡是问题一定有解决的办法

014

只要有一个问题，就一定有一个解决问题的办法。

理由就是，我们已经把它作为问题抓住了。

不管什么样的问题，都是更小的疑难的集合体。发现这些小的疑难出现在这里，那么这里就肯定有解决它的线索，就在这个场合下寻找。

不停地找下去，就一定能找到一些新的发现，而新的发现又能解决这些小的疑难，最终合起来就是解决了整个问题。

——《哲学文法（下）》

理解就是视野的清晰度高

每次当我们能说出"哦，我明白了！"的时候，就仿佛自己站到了一个小山丘的顶端，看到了下面的清晰图景一般。

这种心情准确地描述出了我们"理解"的情形。它就好像至今为止的一些模糊的东西连接了起来，它们的意义和作用都整个地发生了改变。因着这个改变，我们能够对整个结构一览无余。

就是说，这种理解的感觉，和我们真正面对"一览众山小"的风景时的感觉是一样的。

——《哲学宗教日记》

「当初如果……」「要是能……」的想法是悲剧的开始

016

对于已经发生的事，还去思考"当初如果……，现在就不会是这个结果。""假如能这样这样的话，这件事就不会发生。"

这种念头一起，我们人生中大多数的事情，都在一瞬间变成了悔恨、灾难和悲剧。

——《哲学宗教日记》

虚荣心会妨碍思考

阻碍思考的不是外界的噪音和他人喋喋不休的闲谈，不是婴儿的哭声，也不是炮弹的爆炸声。

本来思考可以是认真的、精确的和慎重的，但能一举破坏它的，就是我们想要成就功名的心。

想让别人对自己有所敬畏、把自己当个人物、对自己笑脸相迎的心。

是唯独自己是与众不同的妄自尊大的念头。是让大家都觉得自己值得被喜爱的心。

—《反哲学的残篇》

思考并不是多么特别的事

018

思考这种事，有时候给我们一种神秘的印象。比方有人忽然打断你说，"让我想一想"，然后就望向一个地方，一动不动地好半天，忽然又转过头来，换了一个明朗的表情说："我知道了，是这么回事。"

我们就会想，这么短的时间内，这个人好像做了很不普通的事情。

之所以会有这种印象，是因为对应"思考"这种概念的东西是翻遍我们全身也找不到其端倪的，而与之相比较，爱、勇气、努力、信赖这种抽象概念对应的行为，我们是能轻而易举发现的。

因为无法找到和"思考"对应起来的简单易懂的具体事例，所以我们觉得"思考"是件神秘的事情，也就不足为奇了。

不要过于信赖归纳法

所谓归纳法，就是我们从经常发生的事情中找到共同点，然后把它作为一个可以放之四海而皆准的结论。

举个例子就是，我们至今为止看到的猫都是捉老鼠的，所以我们就得出结论所有的猫都是捉老鼠的。

然而归纳法并不符合逻辑，准确度也非常成问题。原因就是迄今为止不断重复上演的事情并不能保证它在明天也同样发生。

　　而且在归纳的时候，把哪个同哪个相对照并找出共同点的判断准则，因人的经验和心理各异而有很大的不同。

　　这样一来，人们如果对归纳法过于依赖，就会应付不了全新的事态，或者因为遵循以前的手段而导致生意上的失败。

——《逻辑哲学论》

「思考」这件事
每个人有不同的解释

"思考"到底是个什么东西，进行怎样的行为算是"思考"，它针对的是什么，我们对这些问题的理解并不清晰。

然而我们在境况之中能自如使用"思考"一词。或者说，我们至今只是模仿着别人使用了这个词。

所以，"思考"这个词，对于一些人来说，就是对现在这个状况于自己而言是得还是失进行快速心算的过程。

对于另外一些人来说，就是从他自己的脑海中找寻他猜测的对方想要的回答。

还有一些人，认为"思考"就是直到对方消失不见为止，自己目光向下并保持沉默。

比喻会束缚人的头脑

我们都有一个癖好，就是如果遇到难以理解的事态，就用一个关于物的比喻去诠释。比方说时间，我们常用的是"时间流逝了。""一眨眼时间就过去了。""时间被挥霍了。""可惜了大把的时间。"

这些说法，本来平时是用于一些物上面的，它们是河水、是风、是食物。因为我们拿这些物来比喻时间，所以我们就有了一个信念：时间具有这些物的特质。

随着这种用法，我们渐渐认为时间不过是物的一种。从这里出发，我们除了用时间来表达"变化"，竟再也想不出其他描述的办法来了。

与此相似，如果我们只能有一种思路，我们也就只能选择一种生活方式。

《反哲学的残篇》

大胆怀疑，独自思考

在学校里我们学来这样的知识："水是由氧原子和氢原子构成的。""糖是由碳原子、氧原子和氢原子构成的。"

不能理解这些知识的儿童被认为比那些能理解的儿童要差，他们被认为理解力差，老师只能给他们打出低分数。这个教育体系鼓励的是那些能把学来的知识囫囵吞枣咽下去的孩子。孩子们真正应该被发展的能力要么被隐藏起来，要么渐渐失去。

这个能力就是自己去怀疑、去彻底考察、去耐心观察的能力。

——《反哲学的残篇》

思考就是把符号重新排列

023

我们总是以为思考就是心灵的功能，或曰大脑的功能。

这种表达方式非常神秘，所以大家都喜欢这么说。

但实际上思考到底是一种什么样的动作呢？它是对符号的一种操作。

把语言所包含的各种符号，一个个罗列出来，重新排列，让它们产生了意义和形状，这就是思考在干的事。

认为『我知道』，就是进步的停止

人真是特别容易被语言的魔法欺骗。比方一个特别强大的魔法语言就是"我知道"。

一般人听了"我知道"，就认为对方已经对这件事有了完整而全面的了解。

对于自己也是如此，一旦认为"我知道"，就会马上停止进一步思考的努力。

——《论确定性》

哲学并不难，它只是混乱

025

哲学是一种很难的学问吗？不是，哲学只是全体陷入混乱，所以看起来比较复杂和难解。

为什么会这样，像杂乱无章的房间一样难以整理呢？举个例子说，一个抽象概念的词语在每个哲学家那里，都用来指称完全不同的东西。

所以把这个房间里没有必要的垃圾清理出来，来个彻底的大扫除是非常必要的。

《反哲学的残篇》

哲学中的矛盾和难题
让人欲罢不能

026

矛盾的东西总是神秘的，左右为难的东西总让人着迷。

而且，所有神秘的东西都会无止境地诱惑我们。

就因为这个，哲学这个东西让我们欲罢不能。

——《维特根斯坦讲义（上）》

哲学就好比收拾房间

027

科学和哲学可以用什么作比喻呢?

做科学就好比是挥汗如雨地把一块块砖搬运过来,放在正确的位置上,摆在一起,然后慢慢砌成一个结实的房子。

做哲学就好像看到一间所有东西被肆无忌惮地破坏过的房间,只能一边唉声叹气,一边把东西事无巨细地收拾好,中途要不断把垃圾运出去,还要调整家具的位置,以便能让这个房间看起来更舒适一些。

这样一来，房间从一个乱得让人崩溃的状态变得井井有条。然而刚松了一口气，忽然又有别的人进来，把房间按照他的方式开始从头打扫和收拾起来。

——《维特根斯坦讲义（上）》

以为是现实，不过是想象

028

被放进彻头彻尾的黑暗中的玫瑰，果真是红色的吗？

我们明明不知道那玫瑰是红色还是非红色，但我们却认为它就是红色的。想象它就是红色的。

在其他事情上也是，好像完全不会出错似的，我们十二分地确定现实就如我们头脑中和想象中所认为的那样，是真实存在的。

——《反哲学的残篇》

我们的头脑里充满了单纯的信念

我们时常陷入奇妙的信念之中，比如我们认为与大调的音乐相比，小调的音乐更为悲伤。但事实是怎样的？约翰·肖贝特 [1] 的音乐中就是大调比小调更悲伤吧。

这种类似的单纯的信念，我们不管对他人也好，对一些事情也好，是不是经常出现呢？

《反哲学的残篇》

---

1 约翰·肖贝特（Johann Schobert，? - 1767），德裔法国作曲家。对莫扎特有过重要影响。

每个人都是自己感官和思维的囚徒

0 3 0

每个人都是监狱中的囚徒。这个监狱就是自己的感官和有固定习惯的思维方式。

我们的感官告诉我们的，就是我们所坚信的这个世界的样子。

明明自己的思维方式是有偏好的，但我们却认为别人也和我们用着相似的方式思维，而且从来也不会对此表示怀疑。

——《哲学宗教日记》

没有检验过就确信的事情还真不少

　　我们相信的事情都是些什么样的事情呢?

　　我们把哪些东西理所当然地当成实际存在,又认为什么样的东西是纯粹出于幻想呢?把什么当成是对的,又把什么当成是错的呢?这个判断标准取决于我们至今为止所听到的、所学到的何者为多。

　　所以这世上有的人相信幽灵和妖怪的存在,而有的人则斥之为迷信。

　　其实这两方都没有用自己的眼睛看到过这件事,更别说亲身用科学实验检测过,他们只不过各自相信自己的判断罢了。

——《论确定性》

032

正因为答案存在，问题才成为可能

如果遇到问题，我们就能找出答案。

理由是如何找出答案，问题本身就给出了明确的指示。

所以，只要认真地提出一个问题，我们就能清晰地看到隐藏在它不远处的答案了。

——《一种哲学的考察》

不管你做什么样的思考，和事物本身都没有关系

033

有时候为了方便理解，我们对事物就采用拟人化的方式去解释。

比方把小动物看成是人类的婴儿，进而移情，或者把自然的东西，甚至是人造的机器，看成是有目的的。

甚至对事物的变化也进行拟人化处理。然而如果事物的变化不符合自己的期望，就会认为事物出现了恶的变化。

然而这不过都是人类自己的妄想和独断，事物才不管人怎么想，它们只是按照自身的规律在变化而已。

——《反哲学的残篇》

大多数人都生活在游戏的框架内

034

在电影屏幕上，出场的人物会说话，汽车相撞会发出巨响。观众们看到演员嘴唇的动作，就相信声音是从那里发出来的，而不会环顾四周寻找真正发出声音的扬声器。因为我们太习惯于眼前的人一说话，声音就从他的嘴里出来这种游戏了。

实际上生活中有太多的"理所当然的事情""必然的结果""常识的判断""惯例"和游戏的形式是一样的。

因为对这个游戏实在是太投入了，所以绝大多数人压根不会产生疑问，这就是所谓的"大众"。大众一生都心安理得地生活在游戏框架内，轻而易举地被框架外的机器所欺骗。而对于那些极少数对游戏的形式提出质疑的人，则报以不屑和鄙视的眼光，竭力要把他们驱逐出去。

——《原因和结果》

把旧的变成新的，取决于你的视角

035

比方说我们建一个现代建筑的时候使用了旧建筑的材料。这样一来，人们会觉得唯独那个部分是旧的吗？当然不会，人们觉得这是一栋崭新的建筑。

同样道理，对于旧物，全看我们怎么处理。如果只是把旧物扔在那里，那么无疑怎么看，它都是破敝不堪的。可是如果把旧物拿来投入到新的使用中，它就能变成崭新的。

简单地说，不管什么东西，都会根据你对它的新理解而发生新的变化。

——《反哲学的残篇》

从错误中汲取珍贵的东西

人们事后对自己不小心犯下的小错误，或闯下的大祸感到迷惑和悔恨，都是很常见的事情。

但是仔细想一想，其实应该可以从这些错误中汲取一些珍贵的东西，让它们对今后的人生发挥巨大的功效。

——《反哲学的残篇》

怀疑你的信念和确信吧

为了把收获的苹果卖出去，我们会一个个地检查这些苹果。然后把品质和外观都合格的苹果拿到市场上去，这样它们无疑会卖得出去。

可不知道为什么，我们从不对检查本身做个检查，尽管检查本身有可能是错误的。

我们平时也是这样的自信，原因就在于，我们认为自己的信念和确定的东西就是完全正确的，一丝一毫都不应怀疑。

——《论确定性》

判断需要一个参照物 | 038 |

大体上说，只要有一个判断，就必然有判断它的规律或准则。要么就是完全依赖于一个权威，把权威的判断作为标准。

也就是说，不管怎样，判断总是要有个参照物的。我们的日常生活中每一件微不足道的小事，也都各自有一个对应的参照物。

那么，如果一个国家打算开始一场战争，它的参照物是什么呢？以及，如果那个国家的国民都信仰一个权威的时候会怎样呢？

——《论确定性》

039 "让人明白的解释"不等于"详细的说明"

让人听得懂的说明，并不等于事无巨细的、用词文雅的说明。能让对方在短时间内明了的说明，才称得上是明白易懂的。

那么，怎样才能让对方明白呢？

那就是让对方有一种"一览无余"的感觉。也就是说，使用让整个事情一下子就能通透地展现全貌的说明方式。

这样一来，对方就有一种仿佛唾手可及的感觉，也就是能够把握的感觉。虽然有的时候这并不够，但也是理解的第一步。

——《哲学文法（上）》

每个人的解释
都是千差万别的

这是什么？回答可以是：

"正方形和对角线。"

"禁止通行的符号。"

"是从金字塔上面往下看的景象。"

"是一个四角锥形的洞穴。"

"风筝。"

"万字符。"

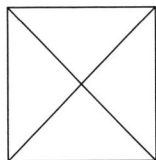

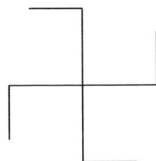

即使是这么小的符号，因为我们每个人都会用不同的知识背景、心情、状态和经验去解释它，所以回答也是无奇不有。

和这个一样，我们对于一些更重要的事情，也是经常性地进行着这种五花八门的解释。

——《心理学评论》

所谓经验，就是解释

你是否遇到过这种事：两个人在讲述一段共同的回忆。虽然内容大体一致，但两个人使用的语言差异之大令人震惊。好像他们说的根本不是同一段历史。

这是因为对过去发生的事情所做的解释，成为他们对各自回忆的表达方式。

就是说，没有人能够做到客观描述发生的事情。因为每个人都相信自己的解释就是自己所经历的事情本身。这就好像照相机也没有办法把全体事情按照本来的样子拍摄下来一样。

——《心理学评论》

042 「回忆」是「现在的自己」对于「过去的记忆」做出的反应

有人去世，或者思乡的时候，或者一起谈论儿时趣事的时候，我们会谈及过去的记忆。

这时我们是把过去储藏在头脑中的记忆的一部分原封不动地变成语言吗？如果是这样的话，每个人回忆起来的事情应该是一样的。

但现实是这些回忆，不过是现在的我们对过去事件的记忆的各种反应。所以我们自己的生活方式和思维方式会大大改变我们所谓的"回忆"。

你爱的不是真实的爱人

喜欢上一个人，会辗转反侧地思念对方，直至夜不能寐。

然而你爱上的人，和真实的她本身是有细微的差异的。因为她只是你根据自己的解释描绘出来的影像而已。

然而第二天，当你又一次看到她，你会确信自己看到的就是昨天思念的那个人。因为这一次对方的一言一行，你又对其进行了自己的一番理解。

——《反哲学的残篇》

人看到的东西，也只是一种诠释

同样一个事物，有人认为美到叹为观止，有人却觉得丑得难以名状。这种经验也许大家都有。那么导致这么大差异的根源在哪里呢？

比方说，看到松鼠两只爪子捧着栗子吃的照片，大多数人都会感到它非常可爱。但如果这时候说："其实这只松鼠的体格和一栋房子一样大。"大家又会作何反应呢？多数人会觉得很恐怖吧。

这就说明当我们看一样东西的时候，我们并不是单单在看它，而是在看由它引发的自己的一种诠释。然后又对这种诠释做出了情绪性的反应。

045 我们从来不会想起一个人，而只是想起他的印象

"我一直很牵挂你。"或者"不知怎么了，刚才突然想起他来了。"

我们有时候会这样"想起"一个人。然而这时我们脑海中浮现的其实是我们自己关于这个人的想象。

关于对方身上发生的事情，我们进行了一番解释，然后认为这就是他的气质，这就是他的行动。然后想象这个自己组合出来的东西就是真实的他。

也就是说，我们无视对方的真实内核，并往他身上塞了一些我们自己的想法和价值观，而没有一丝一毫考虑到他。

——《反哲学的残篇》

所谓的确信，就是毫无根据地相信

|046|

确信就是相信，而且是毫无根据地相信。

比方说，我们相信太阳并不是天空中的一个洞。其实我们并不会搜集证据去证明太阳不是天上的一个洞，而只是简单地如此相信。

与此类似，人也是一直相信，我们这个世界就是他看到的那个样子。

《论确定性》

知识也不过是我们相信它而已

047

学习的第一步就是相信老师告诉你的东西。

比方大人说"南半球有一个大洋洲。"孩子就会相信那样，作为老师的大人说的话，教科书上写的话孩子都会原样接受，这样才能开始学习。

然后孩子骄傲地对他的朋友说："你知道吗？地球的南半部分有一块很大的大陆，叫大洋洲。"这种情况下，孩子"知道"的事情，其实只是他相信的事情。

我们大人所知道的事情，也大多是成长的过程中如此得来的知识而已。

——《论确定性》

常识由过去的经验构成

猫并不是在树杈子上长出来的。

这个是确定的吗?

我们是以什么为理由认为一件事是确定的呢? 我们认为确定的事情是从哪里得到它的根据的呢?

那就是经验。

过去的经验,不单单是自己的经验,还有别人的经验。甚至还有过去无数代人的经验。这些都是我们信念的来源。这些根据都被我们用一个词替换了。这就是"常识",或曰"知识"。

《论确定性》

2.

关于语言

语言的意思就是普通的意思

语言各自有自己的意思，这是什么意思呢？

它就是至今为止所有人都用它指代的那个最普通的意思。

——《哲学研究》

语言的意思对于每个人都不同

即使两个人都使用同一个词汇，但两个人心里想要指称的东西不见得一样。因为人们可以用同一个词汇表达各自不同的意思。

其原因就是，词汇本身并没有固有的意思，词汇的意思是我们每次使用的时候赋予它的。

所以与人交谈的时候，如果不进行充分的交流和确认，即使使用同一个词汇，也会发生矛盾。

——《逻辑哲学论》

意义不是语言自身中存在的，而是人赋予的

　　很多人都认为，一段话、一个词汇自身就包含内在的不变的含义。但实际上含义这种东西是每次在使用一段话或一个词汇的时候从使用方式中诞生出来的，这个使用方式又由环境、状态和文化水准所决定。

　　比方两个人谈话的时候，总是互相揶揄，但是这些话会因两个人之间的关系而变得不同，比如被理解为"鼓励"或者单纯是他们熟悉的互相开玩笑。

金钱的价值也是和词汇的含义一样。只是印刷出来的一张纸片变成有价值的货币，只是因为我们信赖它。

所以并不是有一个有意义的东西在那里，只是我们不断地给它以这样的意义而已。

同一个词汇也会因为人的不同而改变其性质

一个有过复杂经历的人嘴里说出来的"我爱你",和一个只在乎欲望和得失的人嘴里说出来的"我爱你",意义大不相同;相信神的存在的人说出来的"信仰"和认为法律就是正义的准则的人说出来的"信仰",其中包含的东西大相径庭。挥汗如雨地徒步爬上山顶的人、坐直升飞机上山的人、坐缆车上山的人,他们嘴里的"这座山"的内核当然也有天壤之别。

互相进行了充分沟通，最后得出结论的那个词汇也为大家所认可，但如果得出结论之前的过程是不同的话，那么同一个词汇对大家的含义也不一样。

这就能解释为什么人们有的时候使用同一个词汇，却不能互相理解。

———

《哲学研究》

每个人都在改变语言的意义

即使是有悠久历史的词汇也会因为使用方式的变化而发生意义的改变，比如"大爷"一词，现在就有贬义的感觉。

这是因为现代生活方式的改变，带来了语言使用方法的改变，进而是概念的变化，再就是意义的变化。

也就是说，每个个体的生活方式、行为方式都导致生活本身的变化，它的结果就是语言的变化。

也就是说，平日我们每个人的生活方式都会导致一些因素的产生，这些因素决定了语言的意义，此外，世界也会因着我们的行动而发生着变化。

——《论确定性》

一个词汇可以有多重不同的意义

一个词汇一直只有一种意思是不可能的。

比方说爱这个词。

有的场合下，爱意味着无限的包容。而在另一个场合，爱却意味着一种黏人的执着。

当它意味着"无限包容"的时候，人会给予爱人自由和尊重，发展到一定程度，甚至允许爱人离开自己；而当它意味着"执着"的时候，人会把对方紧紧地束缚起来，甚至变为一种把爱人作为占有物的态度。

正是因为这个原因，男人和女人虽然使用同一个词汇，却陷入无休止的争吵当中。

——《一种哲学的考察》

不是你的表达能力不好，而是语言本身有局限

我们一定有过自己想好好说明一件事，却怎么也解释不到位的经历。每当这个时候，我们总会在事后不停地担忧对方是不是真的听懂了自己的意思。

然而这是不得已的事情。人类只能用语言来说明和表达自己的想法。除此以外别无他法。不仅如此，这个时候为我们所用的语言，原本就是一种黔驴技穷的挣扎。

这并不是我们的表达能力不好，而是语言这种东西本来就不具备把事情或者心情直接表现出来的功能。

不过话说回来，这时候也没有必要重新来过。因为只要我们充分理解了语言不过是一种无奈的嗫嚅，我们就会产生一种善意，对对方想要表达的意思，进行同情的理解。

——《心理学评论》

不能用语言表达的
不算「想法」

有的人一边露出笑容，一边故作深刻地说："不是的，这和我想的还是稍微有点不一样。"

"我对你解释了不少了，不过你也未必能明白我的想法。"

这样的人认为自己的思想无比深邃，并骄傲地相信别人无法对他心灵深处的那个无法名状的思考有一丝一毫的了解。

然而，说自己心里藏着无法用语言和文字表达的东西，不啻于说它还完全没有成形吧。

这种还没有成形的一团乱麻样的东西可以叫做"想法"和"思考"吗？

语言的另一面 057

能告诉我们很多

"我看到你桌子上的台灯亮着。"

说这句话的人，并不是只是在说，桌子上摆着一个叫做台灯的照明工具。也不是为了想要描述视野内的事物而说这句话。更多没有说的话都在语言的另一面。

这让我们联想到"多多保重"这句客套话。

而这句话也不是单纯地想要传达关注身体的健康。我们使用的词汇虽然很少，但作为背景的事情和心情都表达了出来。

《一种哲学的考察》

不能认为沉默的人无话可说

不是什么东西都能用语言传达。

语言只能够对照有形的东西亦步亦趋地来使用。对于现实存在的东西，只有那些能把语言一一安排上去的，语言才能表达。

对于那些即便真实存在，但却无法把语言安排上去的东西，我们只好缄口不言。

因此我们不能把不言不语当成是一个人没有话说的证据。或许只是他抱持着很多无法用语言表达出来的东西。

——《一种哲学的考察》

印象无法全部转变成语言

把醒来之前最后一个梦说给某个人听，我们都有过这样的经历吧。这个时候常有的事情就是觉得自己没有把这个梦表达好，为此感到非常不甘心。

因为头脑里的梦是如此清晰，但变成语言之后又是如此贫乏。

这种情况在我们平日交谈的时候也会有。那就是我们无论如何也无法把自己的想象都用语言传达给对方，语言这种"交通工具"实在是容量太小了。

但即便如此，我们也只能使用它而没有别的选择。

没有语言，就没有思考

060

我们经常轻松地说出"我在思考"这句话，但其实一般情况都只是对自己内心的景象有一个非常模糊的印象，我们呆呆地望着它而已。

那么表达想法是否就是把印象或者意思一个一个地转变为语言呢？

回答是否定的，因为语言本身是想法的一个搭载工具，所以在没有语言的地方，"想法"是不可能诞生的。正因为有语法这个语言的活动轨道，人才能"思考"。

不能很好地表达出来的原因就在于，没有真正很深入地思考。

所有的语言都有灵魂

一个一个词汇，不单单有着意义，它们还有自己专属的灵魂。

诗就是由那些无可替代的灵魂组成的。

——《哲学文法（上）》

062 │ 「爱」这个词，就因为语意不明而有魅力

　　年轻人都对恋爱抱有各种浪漫的期待，经常思索爱到底是什么；新妈妈们也在苦恼地思索到底怎样才是对孩子最好的养育方式；一心扑到工作上的人不明白自己庸庸碌碌的人生到底是为了什么，也在稀里糊涂地开动脑筋思考。

　　爱、人生、养育、美丑、幸福、年龄、疾病与健康、正义、和平、善恶、平等、成功、胜利、才能、来生、真理、人类……

　　所有这些我们每天思考的东西都是概念，也就是内容完全模糊不清的词汇。

　　正因为如此，才这么让人着迷。我是想让大家提起探索这些的兴趣。

不要被语言概念蒙蔽

0
6
3

人会被语言欺骗，不是说会被花言巧语欺骗，而是会被词汇本身欺骗。

比如说，美、善、真理、永远等等概念。这些概念到底是指称什么，没有人知道，所以不可能通过使用这些概念的语言而得出什么重要的结论。

即便有结论也是没有内容、没有意义的空壳。

为了让大家有体验，可以随便打开一本哲学书，或者看看街头到处可见的商业广告。它们都在喋喋不休地说着什么是美、什么是流行、什么是酷炫。好像真有那么回事似的。看了广告的人，如果认真地思考并开始感到烦恼，就钻进了圈套。

语言如果不伴随行动，就只是一些声响

我们理所当然地认为我们使用的词汇每一个都有其表达的意思。仿佛它们都是一个个装着意义的"口袋"。

但假设有个人说自己"双手拿着小提琴和琴弓"，而实际上他双手抱着一只野猫，那么就可以说他的话完全没有意义吧。

所以，语言并非一开始就固有着什么意义，给语言以意义的是语言之外的行动。

语言没有行动，就只是一些声响而已。

《论确定性》

语言就是行动

犯了错误的人如果吞吞吐吐地承认自己的不是，我们就会认为他是在诚挚地道歉。我们如果痛骂一个人，他的表情就好像被打了一顿一样，如果我们把好意和欣赏通过语言毫不掩饰地传达给别人，他又如同得到了什么宝物一般欢喜。

我们如果嘴里嘟囔一句"好热啊"，就有人会把窗子打开，让凉风吹进来。

这些语言，并不是只是一些词汇，它们会促成某种行动，给很多事情带来不小的变化。

《哲学研究》

语言丰富了之后，世界也就变得丰富了

如果我们只知道十几个词汇，那我们就只能像动物一样在一个狭窄的世界里生活一辈子了。如果知道一百个词汇，我们的世界就有一百那么丰富。我们知道了一千个词汇，世界也就如一千那么大。我们每知道一个词汇，世界就扩展了一点。

词汇越多，看到的风景就越多，能够理解的事情也就增多了。

所以我们要尽最大努力增加自己能够熟练使用的词汇和词组，这样世界也就跟着扩大了，这等于我们把希望和机会扩大了。

067
有时候也有语言无法表达的东西

我们都有过"无以言表"的东西吧。我们也有过"无言以对"的时候吧。还有更多的情况，是我们说了，但总是说得不够好。

但是我们没必要感到遗憾和后悔。因为每个人都一样。所有人都要面对语言无法表达真情的问题。

因为我们使用的是语言，语言能够表达的东西其实是有限的。真正想说的，真正的心情、神秘的事物、心底的爱，这些都远远超越了语言，所以没有办法很好地表达。

对于人生而言，越是珍贵的东西，越是如此。

《逻辑哲学论》

068
与其用语言，不如用沉默来表达

　　不管怎么样都无法用词语说出来，这种时候人们的选择就是不使用语言，使用沉默。

——《逻辑哲学论》

绘画是一种语言

069

绘画或者肖像，就像故事里的文字一样，有它自己的语言。所以它会自动地对我们说话。

举个最简单的例子，看到肖像画中的人穿得严严实实，我们就感觉到了温暖，而看到冷色调的图画，我们就感觉到寒冷。

——《哲学文法（上）》

简洁不等于短 | 070

有的人为了使表达简洁而拼命削减文字，让篇幅短小。可是文章的字数少，不代表简洁。

文章是给人看的，所以不能用文字长短来判断简洁与否。往往比较多的情况是，稍微长一点的文章能让读者理解得更透彻，没有"过"，也没有"不足"。

——《哲学宗教日记》

「要信」之于「要爱」

071

至今为止的历史中，尤其是有关宗教的历史中，充满了残酷、恐怖和灾难。这其中又常常与"信念""信仰"等等有扯不开的干系。

就是说"信神"常常含有强制、迫害和攻击的意味。

为什么不用"爱神"来代替呢？如果这样说的话，可能很多残酷的行为和战争都不会发生了。

——《哲学宗教日记》

信神不需要证据

关于神的存在，从古到今人们争论不休。其中的原因就是语言的使用方法。

信神的人说的"信"和不信神的人说的"信"其实是完全不同的两回事。

在一般的社会生活中，我们使用"信"这个词，常常后面是可以有经验、记忆和印证之类的东西作为根据的。

然而对神的"信"是不需要这些根据的"信"。所谓无神论者，就是不了解"信"这个词可以如此使用的人。

这就是两派一直相争，谁也无法说服谁的原因所在。

《关于美学、心理学及宗教信念的讲义和对话》

看上去不像说服的说服

073

如果一个人想要说服别人之前先做出一副志在必得的姿态，对方就会谨慎提防，反而不容易被说服，这就严重地削弱了说服力。

最简单的办法就是，在解释说明的过程中，让对方理解，这种说服的方法是比较有效的。

在说明的过程中，最有力的语言莫过于"其实是这么回事。""说白了，我们没有其他的办法。"这种判断句。

——《关于美学、心理学及宗教信念的讲义和对话》

如果意思不能很好地传达，那就改变你的说话方式

074

翻译一篇文章不是把作者使用的这个国家的语言置换成另一个国家的语言，而是把文章中的意思用另一种语言表达出来。

这不只是翻译的本质，它还是你想要对人说话时传达的重点，也是对方理解你的话语时的重点。

所以如果我们说的话不能被对方真正理解，我们就要对表达方式下点功夫。

还有就是，当自己无法理解别人说的话的时候，也要尝试不被对方的语言所拘泥，而是对谈话中真正的意思和其所包含的心情进行一番考察和汲取。

——《逻辑哲学论》

语言的革命
让世界为之一新

075

　　如果你对腐朽的现状感到不满，想要一举打破它，如果你想要和过去的世界告别，一跃投身新的世界，那么就对自己习惯的语言开刀吧，把它的内容做个全面的替换。

　　不管是哪一种语言，它的内容和概念都是透透地浸染了那个时代的文化、流行元素、价值观、政治规范。所以只要你使用这种语言一天，你就永远和别人在同一个池子里游泳。

　　所以，如果你想脱离这个共同的场，最有效的莫过于对这个世界和自己使用的语言的内容进行自己独特的更新和改造。从这里，另一个世界的门才有打开的希望。

有一个暴力世界，叫字典

076

公然无视所有词汇的微妙差异，对深度也没有一丝一毫的洞察，不管什么对象，都把它做成平台上展示的尸体标本，有一个世界肆虐着这样的暴力。

它的名字叫词典。

——《反哲学的残篇》

077

语言有很多词典不可见的意味

为了在世间求生，所以需要掌握尽可能多的词语的意思，是不是拥有一本词典就可以解决这个问题了呢?

确实，不管是书面还是口头语言，只要一查词典就可以知道其意义，但是想靠这个在世间如鱼得水地生活下去，恐怕是幻想。

原因是一个词汇不单只有一个意思，而且还会在社会生活中产生各种迥异的含义。比如说"是啊"这个词，也不是只有肯定的意思，根据不同情况，也会有拒绝的意思。

如此这般，词语的含义就在生活的洪流中即时地诞生，所以我们不能说有了词典和语法参考书，就能明白一句话的意义。

能说出「好幸福」这句话的人确实是幸福的

078

能说出"好幸福"这句话的人，确实是幸福的。

如果有人说自己"很穷"，我们可以对他的资产状况进行详细的调查，看看他相对于平均的收入水准是不是真的处于下方，就能得出一个他是否真的"穷"的客观判断。

可是一个人是否"幸福"，我们却无法做出客观的判断，这并不只是因为没有一个普遍的基准。而是在于"幸福"并不是有什么指称的词汇。

那它的本质到底是什么呢？要我说，它是一种类似呐喊或者应激行为的东西。

"幸福"这个词，它就好像因为突如其来的喜事而发出的欢呼，只是一种自动反射。

079

不管什么语言，都是根据生活的背景而被记住

有些词汇，别人用得很顺手，而自己却听到它们就浑身不舒服。

比如说"你真行"这句话就是这种类型，它给人的感觉是要么有谄媚，要么有调侃，总之是不能信任的一个词。

其中的原因就是，在孩提时代，在我们记住这个词的时间点，往往是出现了不愉快的场景，或者有什么不平常的事情，我们把这些和这个词联系在了一起，并印在脑海里。

我们从幼儿成长为儿童的过程中，不是单单记住了那些词语，而是连当时的使用状态也都记了下来。不管是什么语言，都带着过去的生活场景。从这个意义上说，是父母、教师和周围的人们的生活态度给那些语言染上了各自的颜色。

——《哲学文法（上）》

没有意义不等于没有价值

080

我们平时经常会提到类似"没有意义""白费"的说法。

"这个没用的。""不要做没有意义的事。""我白白地浪费了时间。"

不管用什么词汇说，没有意义都代表着"在这个场合下是没有效果的""对于现在这个情况没有太大的用处"。

然而没有意义不代表没有价值，也不是对人生而言全然的浪费。

意义在每个场合都会有不同，在这里没有意义的事，换一个场景，就可能变得有重大意义。

081 『真好』『真美』这些词有吸引人注意的效果

我们每天都会说几次"真好""好看""帅"。但是我们并没有说明什么是"美的"和"好的"。

我们想表达的意义不一定等同于词典里的意义，而且根据使用者的不同也有细微的差别，换一个国家和文化，意思也会发生改变。尽管如此，我们却缺了它们不行。

因为它们是能吸引别人注意、表达自己的感动的词语——"看啊，这多么美啊！""简直没有比这更好的事了！"

——《维特根斯坦讲义（下）》

082 「为什么」表达的是焦虑

"为啥？"

"咦，为什么呢？"

这些语句表面上好像是在询问根据。因为它们是用于疑问句中的疑问代词。

然而其真正的目的，并不是想探寻事物的缘由。它是一种焦虑，是困惑、为难的声音。

即使不是如此，也是表达了自己急切地想知道对方真实意图的一种渴望。

感叹词用得多的人不太会表达

"好可爱！""太棒了！""帅！""真厉害！""好极了！"

这些词语都会让人高兴，不过有人之所以使用这些词语，是因为他了解这些词语的效果，不管是什么事态，说出这些词总是没有错的。

还有一种人只能用这些词来表达在某个时间点上的激动的心情。

后者一般来说表达能力有限，而且对于他们自身，他们也无法很好地表达。

—— 《关于美学、心理学及宗教信念的讲义和对话》

规律不过是游戏的规则

有不少人，尤其是一些有头有脸的人物的口头禅就是"我们不得不……"，你如果追问这"不得不"或者"必须要"的缘由，他们多半会光火。

随便举几个例子，"必须要规律地生活。""大仇不能不报。""民主主义必定要胜利。""我们必须要有尊重法律的精神。"

其实能说出"不得不"的话来，只是缘于所有人都在一个语言游戏规则的支配之下。一旦跳出它的支配，就会发现哪里也找不到"必须如此"的根据。这个"必须"只是在那个语言游戏的场合适用。

世界并不遵从人类自己设计的语言游戏,所以经常在游戏外部发生一些不可思议的奇迹,让人们惊愕不已。

——《维特根斯坦讲义(下)》

3.

关于心

不要欺骗自己

085

人不可以欺骗自己。对于自己在做的事和自己的情绪要注意观察，对自己的心要认真侧耳倾听。

当然我说的是倾听自己的心。

不要假装倾听自己，结果却在倾听"自己想象中的别人"。

不要假装是看着自己，却在看着"看着自己的他人"。

而且，不要把知道别人在看自己时的自己，和真实的自己错误地混为一谈。

——《哲学宗教日记》

怒火会伤害自己

086

有个词叫"义愤填膺"，对于"感到愤慨"这件事，我们总是以为，它是一颗正义之心在忍无可忍的状态下爆发，似乎有着天然的公正意味。

然而实际上，不管是什么种类的愤怒，都是对自己的攻击，只会让自己受到戕害。

——《哲学宗教日记》

想要不生气，只有彻底改变自己

　　你真的想要和过去那个易怒的自己告别吗？你从心底做好改变的准备了吗？

　　那么，只靠压制愤怒情绪的办法是完全不够的。要整个地改变自己这个人。

　　如果真的改变了自己，就连让自己高兴的事情都会变得完全不同。过去我们把喜悦和愤怒放在对立的两极上，从此以后就不再是这样。其原因就是自己的感受已经完全置换了。

——《哲学宗教日记》

我们不可能真正站到别人的立场上

我们会听到这样的说法："我理解牙疼的人，只要试想自己是他，就能感同身受。"

但是追究起来，所谓的"试想自己是别人"，到底是怎么一回事？是说自己身体的每一个部分都变成别人吗？这种事情是可能的吗？

所以所谓的"站到别人的立场上去"，不过就是想象一下自己是他的感觉吧。也就是说，自己还是无法"变成他人"。只是假装变成对方，然后回忆一下自己过去体验过的牙痛而已吧。

我们无法懂得别人的痛

自己能够感觉到的感觉，比如，身体的疼痛，我们可以说"我觉得右边牙齿一跳一跳地痛。"我们以为我们这样就传达了自己的痛楚，对方也理解了我们的痛。

但是别人是否真的懂这种痛是很难说的。因为我们并没有一种关于痛的客观基准。

如果是发烧，倒可以很方便地用体温计测量，所以可以客观准确地把信息传达给别人。

当然，关于心痛、悲伤、喜悦，我们也都没有任何标准。

《哲学研究（下）》

090

表情和态度越是明白的人越容易得到理解

有些脸色就像写在色谱表上一样单纯明快，谁看了都懂。与此类似的还有，把自己的心情毫不掩饰地表达出来的厚脸皮一点的态度、明确的肯定或否定。做出这些明晰表达的人会给周围的人一种安全感。

反之，会给人以不安全感的就是那些表情和举止不明确的、好像有些微妙的矛盾之处的人。这种人虽然能给人以神秘的感觉，但也让周围的人很难做到轻易地理解和赞同。

其原因就是，我们观察别人的情绪，希望从中汲取一些真实的意思。所以对方的情绪越是明白可见，就越容易得到我们的理解。

不要放大别人的错误

　　对于别人带来的小小的伤害或者微不足道的错误，不要用望远镜去看，然后说它大得不得了。

　　对于自己的错误，不要用反过来的望远镜去看，然后说它是无关痛痒的。

——《心理学评论》

092 对别人的厌恶就是对自己的厌恶

也许神正在对着我说："我用以裁断你的，就是你嘴里说出来的话。"

神接着说了他这么做的理由。

"你会认为某个人的不雅行为令你恶心，你因为无法容忍而震怒，然而他人的彼一行为和你的此一行为有什么区别吗？就是说，你不正是对自己感到无比的憎恶吗？"

《反哲学的残篇》

爱是不能实验的

093

我们大多数人都误以为爱是一种感觉。但爱其实并不是感觉。

因为比如说痛的感觉，在痛过之后，我们可以通过掐自己来重新体验，而爱这种东西，和感觉不同，它是不能重复地实验的。

——《反哲学的残篇》

爱不是控制对方

094

如果这就是爱，那么我们就总是会把自己爱的人放在手掌心里把玩吧。

不管多么热烈的爱，对方都不是自己的玩具。而且，不能以爱为理由去控制对方。

自己爱的人，也是一个独立的人。这样的话，人生中的一切——偶然、危险、焦虑、自我克服、苦恼和欢喜——他都逃不了。

尽管如此，我们却说为了他，定制他的全部生活，要操控他的人生，这实在是无比傲慢，而且也是一种和爱完全不同的东西。

爱就是幸福 | 095

我们都是被爱时感到甜蜜，不被爱就感到难过。

其实即使不被爱，只要自己能去爱，内心还是充实的。

因为想要去爱，我们目睛不瞬地窥探，哪怕能发现自身之中一点点爱意，也觉得温暖。只要有一个自己能爱的东西存在，我们就像着迷了一样。

这个世界上没有能够代替这份爱的东西，凡是被称为幸福的东西总是包含着一些爱的成分。

哦，不对，爱本身就是幸福。

《反哲学的残篇》

不爱自己

爱邻人也不能

096

一个一点利己之心都没有的人，会爱他的邻人吗?

——《哲学宗教日记》

善即美，美即善

善的东西都美，美的就是善的。

这两者并非截然分开，它们本是一体。

——《逻辑哲学论》

098 善恶不是结果，而是包含在行为当中

善恶不是我们做了什么事，然后去评价这件事带来的结果是善的还是恶的。如果那样的话，岂不是和考试成绩或者销售业绩一样了吗？

所谓不许行恶，并不是因为某件事情的结果是恶的，或者被人发现了会受到惩罚。

善与恶都是黑白分明地包含在行动当中，惩罚也已经包含在行动当中。

——《逻辑哲学论》

099 一定要受苦的话，为善而受苦吧

对于在自身当中一直冲突作战的善恶两方，还是选择站在善的一边然后甘心承受痛苦吧，如果注定无法免于痛苦。

这样做，远远好过站在自身的恶的一边，然后又和外界的恶做斗争好多了吧，那样的斗争多么丑恶啊。

——《哲学宗教日记》

有恶才有善

因为有了善，所以才有了恶。如果没有善，就不存在恶。

比如在某一个时点，我们选择了做恶人。然而只有在那个时点上存在做善人的选项，做恶人也才成为可能。

在行善的可能荡然无存的世界里，不存在恶的判断标准，就像寒暑的消长那样。

——《哲学宗教日记》

『真正想要的』另有他物

你到底有多想要一样东西呢？你做了什么去争取它了呢？这一点我们可以对自己好好观察。

渐渐地，就会知道自己想要的到底是什么。

因为人想要一样东西的时候，其实是对另一样东西的渴望。举个例子说，想要养一只大型犬，其实是想要体验到自己的支配权。

——《哲学文法》

接受自己的担心

人只要活着，需要担心的事情就会一个接着一个涌出来。用不着怀疑自己是不是过于忧心，是不是不正常。

还不如坦然接受这一事实：人生中不管是谁都会在烦恼中生活。

我们身体的健康状况和心情都是时刻处于变化之中，认同并坦然接受它的想法应该更明智吧。

——《反哲学的残篇》

103 | 愿望里面有多少是虚荣心？

让我们好好检视自己的愿望，自己长久的期待。

即使是一些很小很小的心愿，或者说只是和别人一样普通的愿望，也能发现其中其实混杂着虚荣，哪怕只有一丝丝。

让我们深入地看看自己的这些心愿吧。

——《反哲学的残篇》

104

之所以无法正直，
只是因为虚荣

无法向别人展示真实的自己，只是因为虚荣心太强。

——《哲学宗教日记》

105

虚荣心会污染我们的行为

不管是什么行动，如果沾染了虚荣心，很遗憾，那个行为本身就不再干净了。

——《哲学宗教日记》

106 沾染虚荣心的事业一文不值

不管什么工作，都有它的价值。然而另一方面，一件工作的价值和光芒也会忽然归零。

那就是工作被虚荣心和自我中心主义污染的时候。

《哲学宗教日记》

「不想比别人差」只是因为虚荣心太过

有时候遇到一个人，发现自己无论如何都无法胜过他。而且这一点反反复复啮噬着自己的心。

但是这样的心痛到底是为什么？

是因为觉得自己和这个人并没有不同。同在一个台阶上站着，自尊心告诉你这让它无法忍受。

这难道不正是自己的虚荣心过于膨胀的证据吗？

——《哲学宗教日记》

傲慢心招致失败

108

即使偶尔成功了也不要就此放逸，事情跟设想的一样顺利推进了也要当心不要骄傲自满。

如果就此安心了，就好像在雪中前行，走到一半的时候就坐下来休息一样。不知不觉就被好心情迷惑，沉入梦乡，最后就是冻死的下场。

《反哲学的残篇》

不要羡慕他人

不要羡慕和嫉妒他人，对他人手里的东西不要眼红。

因为即使你拿到了他手里的东西，也不见得能得到和他一样的幸福。

那个东西被你抓到手里的瞬间，也许灾难就降临了。

——《哲学宗教日记》

罪会有各种方式让你痛楚

1 1 0

如果你对过去感到悔恨，那必定是犯了罪行。而且，因为你没有勇气，你也不敢坦然公开你的罪行。

更甚者，你又憎恨自己的胆怯、软弱，不断因此谴责自己。罪行本身就是会衍生出这种种的痛楚。

——《哲学宗教日记》

创造性就是新的土地
或者新的种子

111

创造性可以用两种东西来比拟。

一种是土地。发现了谁都没发现的土地，我们说这是一种创造。

另外一种是种子。虽然土地是大家都踩过无数遍的古已有之的土地，但是你在这旧的土地上播撒了新的种子，就会盛开至今未曾有过的花，结出谁都没见过的果实。

——《反哲学的残篇》

本能胜过理性

112

实际上驱使人行动的东西，首先就是本能。

理性通过判断，也能对人的行动发生影响，但其推动力之强度，较之本能总是等而下之的。

——《心理学评论》

每个人都保持着人生的烦恼

人无论贤愚，都有着苦恼。大多数人都露出一副没有烦恼的面孔，嘻嘻哈哈地笑着，但是他们依然是苦恼着的。

尽管他们的表情不同于痛苦时的表情，也不能推翻这个论断。只不过是每个人都有着不同的表情罢了。

——《反哲学的残篇》

身体是自尊心的支柱

尊严支撑着人。这里说的是自尊心或者威严。不过这些并非只是高高在上的概念。

再多说一点，甚至可以说这种自尊和威严，只有在人的身体是正常的时候，才能有这些概念。

如果你不相信，我们可以设想一下，如果把那些很有威严的人五花大绑起来，然后割掉他们的手指、脚、鼻子、耳朵。他们还能保持和之前一样的自尊和威严吗？

——《哲学宗教日记》

有让孩子苦恼的必要

我们应该把那些提倡快乐教育的学校认定是好学校吗？

把孩子成长过程中本来应该经历的痛苦除去，是一件好事吗？苦恼难道不也是一种不可或缺的教育，一种让孩子成为"有人性的人"的一种方法吗？

——《反哲学的残篇》

功名之心让人无法思考

116

我们都有要比别人更加耀眼的心，都有希望被万众瞩目的欲望。都希望被认为是人中龙凤，只有自己是特别的，无上高贵的。

简单地说，只要有这些类似的功名之心，我们就失去了认真思考的能力。我们的思路被这些功名心争相拉扯，变得无从辨认。

《反哲学的残篇》

117

所谓的爱国之心不过是对『爱国』的热心

爱国之心是什么？我们会以为这是住在这个国家里的所有人都会自然产生的一种心绪。

其实它的内容究竟是什么呢？那不是一种心绪，而是对"爱国"这个模糊不清的概念的强烈执着而已。

——《哲学宗教日记》

眼睛从来不诉说什么，那只是人的解释

眼睛是一种接受其自身以外的光、形、色的感觉器官。它并不向外发射什么东西。

然而我们却经常说"视线""目露凶光""虎视眈眈""秋波暗送""目之所及""两眼放光"。听起来好像是眼睛是会放射出什么东西。

然而如果用毛巾把眼睛以外的所有部分遮蔽起来，不管这

个人在眼睛里表达了什么情绪，我们能看到的估计也只有"眼球"吧。

就是说，我们其实是解释了当时的状况和情绪，然后又依据这种解释为背景，认为对方的眼睛里存在着意识和心情。

——

《反哲学的残篇》

自己心里的想法
别人洞若观火

1
1
9

对于自己的意识和心情现在是什么状态，每个人心里都非常清楚。

然后，不知什么原因，我们都相信自己的心情别人并不知道。也就是说，以为这是只有自己才知道的秘密，自己单独一个人的秘密城堡。

然而这个意识和情绪都写在你的脸上。态度和动作都全部显示了出来。也就是说，内和外都是一样的。

《反哲学的残篇》

心情和感觉是两回事

我们常常把心情和感觉混淆在一起，然而，这是完全的两回事。

愤怒、高兴、忧郁、冷静、恐惧、憎恨等等心情起伏。这些会带来眼泪和身体的紧张，但它们并不是感觉。

人能指出感觉所发生的身体位置和范围。比方疼痛、麻痹或者弄湿了的地方。而且这个范围还能够扩大。

然而心情所产生的身体的位置是无法指示的。而且，心情的起因并不在于其自身之外。两个人即使遇到同样的事情，心情也未必一样。

——《反哲学的残篇》

心情会因为思考方式而改变

心里所想的是什么，和产生什么样的心情，是有着高度的相关性的。

或者说，思维方式极大地左右着我们的心情。

恐惧、悲伤、欢乐、胆怯都是因为我们的思维方式而产生的。我们产生恐惧并非因为我们看到的东西过于可怕，而是因为担心对方会对自己做出可怕的事。

　　如果我们什么都不想，我们就什么情绪都没有。不管遇到
什么，都能淡然处之。

　　所以，我们无法通过变换思维方式来消除身体上的痛苦，
但是却能轻易除去自己的难过情绪。

——《反哲学的残篇》

122

使用「信念」「希望」「期待」这些词的人身处困境

　　"信念""希望""期待"这几个词各不相同，但是有些共通的地方，那就是凡是使用这些词的人，他的心灵如被困在囚室里一般。

　　而且，他注意到外面漏进来了一丝光线，希望自己有一天能抓住这丝光线来到外面的世界。

动机和理由不过是事后说明

如果发生了一件事，我们去追问这件事的动机和理由，然后就有人回答动机和理由。

但是我们不能就认为这件事的发生就是由于这个动机或者理由。

所谓动机或者理由，就是当有人问起的时候拿来回应的东西。就是说，那不过是一种整理好的说明，或者说在事后把事情正当化的思路清晰的借口。

——《关于美学、心理学及宗教信念的讲义和对话》

内心所想真的很重要吗？

我们平时喜欢这么说：

"我希望你能吐露真心。"

"你心里到底怎么想的？"

"不知道心里到底在想什么。"

"真实的心情到底是怎样的？"

听起来人的心仿佛地壳那样，最真实的东西，藏在最深的底层。

　　或者说，由于在日常的社会生活中人们惯于用演技隐藏自己的想法，于是就渐渐形成了这个说法。

　　即便如此，内心的想法真的有那么重要吗？真的比一个人的表情和态度所表达的东西更重要吗？

——《心理学评论》

125

信仰使人幸福，
因为它抹除了我们
对他人的恐惧

　　我终于明白了为什么人们说信仰会使人幸福。人因为侍奉神，谦虚地生活，可以去除恐惧感。原来我们活在世上是这么畏惧他人。

——《哲学宗教日记》

害怕神的处罚
不是信仰而是恐惧

126

有很多人相信一些宗教的信念，比如自己在一生当中如果做了这样那样的坏事就会受到神的惩罚，或者死后会被地狱之火焚烧。

而且，他们还为自己的生活忠实于神的意志而感到自负。

这个看着虽然像是信仰，实际上是出于恐惧的苛责。

——《关于美学、心理学及宗教信念的讲义和对话》

4.

关于人生

没有勇气就没有生存

为了度过这一生，有一件事情是非常必要的。那就是从自己的恐惧心上跨越过去。

因为我们只要有一点恐惧心，就有太多的东西无法再让我们感到满足。

所以，我们一定要克服恐惧，让自己变得勇敢。

没有勇气就不能生存。不管多么有才能，没有勇气就没有意义。勇气能够扩大机会、拯救危机、给我们带来能力和自信。

看到他人没有自信，对之嗤之以鼻不会让自己更勇敢。不要评价别人，首先，让自己勇敢地冲向这个世界。

——《反哲学的残篇》

一生勇于战斗

我发自内心这样想，如果真的想要活下去，必须要变得勇敢，在战斗中求生。

除了勇敢以外所有的东西，都是犹疑、懦弱和胆怯。投机主义、玩忽职守和胆怯都是怠惰。这种怠惰的生活方式迟早让自己越来越卑微。

那些微不足道的快乐、偶尔发生的侥幸不足以倚靠。不能所有人都过着一种卑微的生活。我们要堂堂正正地活着。

我们要像不怕死的士兵一样，不遗余力地战斗到底。

《哲学宗教日记》

欺骗自己无比困难

129

在最大限度内，正直地活着是最好的选择。

因为欺骗自己是非常困难的。即使成功欺骗了自己，在这段时间里也会时时刻刻品味到那种违背真心的一种不愉快。

——《反哲学的残篇》

你的生存方式就是整个世界

如果你今后还是采取之前的生活方式，世界也就保持它至今为止的样子。

然而如果你改变了今后的生活方式，世界也会让你看到新的东西，而且它本身也会有所变化。

你和世界并不是两个毫不相干的存在。你也不是被放置在一个已经铸造成型的世界的角落里的东西。

你自身就是你的世界。然后你就生存在你的世界中。

所以通过改善你的生活方式，让你的世界变得多好都是可能的。事实就是，你是一个小宇宙。

你的人生并没有限制

你认为现在的生活让你苦闷吗？你认为活着是一件痛苦的事情吗？

那是因为至今为止你只是注视着非常渺小的一个点，并在内心里认定某个小东西就是你的人生。

抬起头来，站起身，向上看一看吧。转动你的头颈，你会看到很多东西。不管是远是近，你都能看到。

向上看，回头看，不管是天空、大地、树木还是星辰，你能看到所有这一切，毫无遮蔽。所有的东西都能进入你的眼帘。

你的人生也是一样。不要被一个点限制住。你期待的所有事情都能够发生，一切的可能性都会在你面前展开，不是吗？

——《逻辑哲学论》

从现在能做的事情开始

立刻就站起来，从现在能入手的事情开始做。如果不这样的话，下一个步骤就永远无法开始。

因为觉得积重难返而提不起干劲，但是如果现在不从能做的事情开始行动，后面的事情也没有可能成功。

与其跑到山上去滚动巨石，还不如从铲除脚下的灰泥开始。如果你认同这一点，首先就从铲除灰泥开始吧。

《反哲学的残篇》

热情本身就能改变生活

智慧和知识无法让人的生活井井有条。

因为已经固定成型的智慧和知识是冷冰冰的。

能够改变人的生活的不是这种冷冰冰的东西，而是咕嘟咕嘟地冒着泡的热情。

——《反哲学的残篇》

不愉快也是这个世界的礼物

3 4

只要人活着，就会不停地遇到有人说你的坏话、责备你、蔑视你。

遇到这种情形，我们很不愉快，想要反击，想要证明自己是正确的、消除别人的误解，或者是找个借口。

然而这是不是也是来自这个世界的礼物呢？把这些不愉快当成自己的东西接受下来，是不是才是活在此世的修炼呢？

《弗雷泽的〈金枝〉》

为小事而赔光大部分的人生吗

因为什么而感到意难平吗？因为什么而无法释怀吗？那种不愉快的原因到底是什么呢？

自己感到苦恼的事，自己的心事，最好好好观察它、判断它。它的大小重量到底有多少？

然后你就会发现它有多么微不足道，多么不值一提。

因为这么小的事把自己搅得七荤八素，让自己大部分的人生都不得安生，是不是值得？

《反哲学的残篇》

不必和大家步调一致

大家都在向前走，自己也不一定要调整到和大家步调一致。大家都在往对岸看，自己也不必与大家目光平齐。

完全可以停下来，蹲下来，欣赏路边的野花和小虫。

落后于大家有什么关系呢？而且说不定你会有重大的发现。那个时候，大家反过来都会回头看向你。

《反哲学的残篇》

不要于小事耿耿于怀

有些事情我们平时是粗略地处理的，我们对这些事情满足于大体上的理解程度，即使有些错误也不在意，任谁忘记其中的一两处细节，对错误或者罪愆也会互相谅解。

正因为我们并非事事严密，理解人类都会有松懈的时刻，我们才能有今天的生活，所以不要介意小事。

——《论确定性》

我们都是在
互相原谅中活下去

| 1 3 8 |

一丝不苟地按原则、礼仪和规律去生活，或者一直采取黑白分明有棱有角的态度，在世上是难以生存的。

并非因为这种生活方式对自己来说过于严苛而没有生气，而是因为某种难得糊涂的态度，可以放过别人的错误，形成一种宽容，让大家可以互相担待，我们这个群体才得以存在下去。

　　保持宽容、对任何事都能付之一笑的态度、谦让的胸怀；保持不管舆论和习俗说什么，也不管规则和习惯是怎么样的，即便没有道理也不追究，什么都好说的包容力。

　　不光考虑到自己，也考虑到他人，我们才能在这个世界上生活下去。

——《论确定性》

不要放弃思考自己 该怎样活的问题

139

　　一刻不停地拷问我们的是什么，所谓人类的问题又是什么?

　　那就是我们应该如何活的问题。

　　人类的问题，不是在这个温暖的地方持续地安乐地待下去。

　　不要犹疑，立刻起身，不要停止脚步，把我们不可能逃得过的死亡一刻放在眼前，思考我们现在应该怎么过。

——《哲学宗教日记》

不要被尊敬，要被爱

不少人希望被他人褒扬，希望别人对他叹为观止。

更有甚者，希望自己在他人眼里是一个伟大人物，或者是值得尊敬的人物。

这里是不是有什么问题，难道我们不是应该成为被人所爱的人吗？

——《反哲学的残篇》

不如「法自然」

| 1
| 4
| 1

不知道该怎么办的时候，不是只有模仿别人的做法，或者参考历史和传统上的相似的事。

我们可以选择向自然学习。观察自然，从自然那里得到新的教导和灵感。

——《反哲学的残篇》

因果法则之不可能

　　因为做了某事所以产生了如此这般的结果。这种因果法则是不存在的。

　　因为我们称为原因的那个东西，总是自己找来的方便解释。并不存在一个特定原因带来特定的结果这种事。

　　做了某事，然后对于其后的结果进行推测是不可能的事。因为什么结果都可能发生，什么都不发生的可能性也有。所以，对于行动不要胆怯，不要担心。要勇敢地行动，起码比不做后悔要好太多了。

——《维特根斯坦讲义（下）》

不要被『命运』一词束缚

人们积极踊跃地想要了解自然法则，然后尝试各种应用，希望它能为自己服务。

然而不知为何，人们却不会钻研命运之所是，尝试利用命运，让自己过得更好。让自己被命运这个词的印象束缚住是好事吗？

——《心理学评论》

胜任工作是一种神恩

最大的神恩是什么?

今天，自己做好了自己的工作。

——《反哲学的残篇》

把工作分配给人不如自己做

| 1 4 5

把各种各样的工作分配给各路专业能手，或者机构，这件事本身真是无比辛苦的。

与其如此，不如自己动手，事情要简单得多了。

——《哲学宗教日记》

不要用得失判断人生

你是不是预测到最可能发生的事情，是不是把今后的得失都看透，然后决定自己的态度。

这种做法是不是有些卑劣？真的可以把人生整个建立在这种卑劣之上吗？

计算着，预测着，拼命躲避自己的痛点，这样的生活能叫做人生吗？难道不是正面接受自己的痛苦与苦恼，才是康庄大道吗？

——《哲学宗教日记》

生存这件事，比我们想象的还要严肃

147

比起我们自己头脑中的想象，以及比起我们看到别人的外表之后又加以想象出来的，我们真实的人生是更加严肃的东西。

——《哲学宗教日记》

改变人生，
不是要换工作
或者换环境，
而是要换态度

| 1
| 4
| 8

想要改变自己人生的人很多。所以他们改变工作、改变住所或者改变人际关系。

然而，不知何故，他们忽视了最重要的事情，那就是：改变人生，并且让人生向好的方向发展，必须要改变自己的态度。这才是改善人生的最有效的办法。

——《反哲学的残篇》

所谓信仰宗教，就是改变生活方式

宗教的教谕，说到底就是这个，不是吗？

也就是，改变自己的生活。改变生活方式。

愉快的生活方式
不等于正确的生活方式

150

从神的眼睛来看，所谓正确的生活方式多半不是我们现在的生活方式吧。因为我们现在的生活方式是我们觉得愉快的方式。

这种愉快的生活方式，无非是以自我、尊严以及欲望的满足为目的的生活。

我觉得神一定是赞许一种完全不同的生活，那就是远离自己的欲望、更加严肃的生活方式。

——《哲学宗教日记》

如果想要解决问题，那么就要改变生活方式

　　如果自己的人生有很多麻烦，它无非在提示着这样一件事：那就是你的生活方式不符合本来该有的生活方式，它们之间有了不和谐，这种不和谐不停地制造着问题。

　　那么该怎么办呢，总之，从至今为止的生活方式逃脱出来，来个整个的洗心革面才行。

　　这样，你的生活方式就吻合于应然，你的问题也就消弭于无形了。

《反哲学的残篇》

自己每天都在变

读历史书，会惊讶地发现有一个时代完全不相信巫婆的存在，但紧接着的一个时代，大家都相信巫婆的存在。人们如此无常地改变着思考和行动，让人难以置信。

然而，我们想想生活中的自己，也会发现其实没什么奇怪的。有时我们一直做着的事情，忽然就做不了了，或者不想做了。另一个时候我们自己想都没想过的事情，忽然就开始毫不犹豫地行动了。我们就是这样反复地改变着。

——《哲学宗教日记》

为了『好死』而生

|1
|5
|3

有一句话闪现到我面前：

"为了好死而生。"

——《哲学宗教日记》

可怖之物

后悔让死亡成为

在临死之前，认为自己"想做的事情都做成了"这样的人可以说是幸福的人。

然而，如果想的是"那件事应该做，应该好好地生活，不过现在一切都太迟了，什么都来不及了。"这样想的话，死亡一瞬间就变成一件可怕的事。

——《哲学宗教日记》

多数人都选择容易的路

1 5 5

多数人都想要抄近道，想要走没有危险的、一马平川的路。

最好是能一眼看到尽头，没有任何障碍，很好走，既不会让自己走到脚痛，也不会流汗的路。

——《哲学宗教日记》

156

没有他人的好意
我们不能存在

我们也许可以一个人生活吧，但是如果他人的好意一点都没有的话，应该是很艰难的。

——《哲学宗教日记》

157
关于人生我们不能正确地提问，也不能正确地回答

有了疑问，我们就想要提问。

有了提问，就会有回答。

然而这些疑问、提问和回答都是产生在有语言、有逻辑的地方。在没有语言和逻辑的地方不可能产生疑问、提问和回答。

也就是说，我们关于人生、关于灵魂、关于另一个世界、关于神都不可能正确地提问和回答。

那些东西只能体验，而不能诉诸说明。所以能够出现的，只有沉默。

——《逻辑哲学论》

158

人生的问题
用意外的东西去解开

数学的问题，我们写下来解决。一个难题一旦解开，谁都无法否认。

困扰人生的各种问题，却无法像这样，用一个无论是谁都能看明白的路数去解开。

然而，却在某个瞬间，以一种意外的方式，在一种从来没有想到的意义上，忽然就豁然开朗。

——《反哲学的残篇》

159 人生大问题，最高超的科学家也无法解决

把头脑最聪明的数学家或者物理学家找来，让他们对于人生的问题进行研讨，他们能够解决这个问题吗？

肯定是不可能的。为什么呢？因为数学家和物理学家能够解开的都是冷冰冰的纯粹的问题。

然而，人生的问题必然包含时间的因素在其中。就是说，它有无穷的反复和变化，总是处于流动当中，是有温度的问题。

——《维特根斯坦讲义（下）》

不要感叹时间太少

只要不思考就好了嘛。因为思考了所以才总觉得一件事在心中萦绕不去。

如果不想要这种惴惴不安，何如不思考。只要不思考，什么事都没有。

时间问题也是一样。不要为时间太少而感到悲伤。时间从来不会变少或者变多。我们不知何时养成了把时间量化的思维习惯，所以会觉得时间一会儿"有"了，一会儿又"没"了。

重要的不是时间的"多"和"少"，而是自己要干什么。发生了什么事，自己要怎么去面对它。

没有任何事发生的时候，谈论时间是没有意义的。

——《维特根斯坦讲义（下）》

161

不管多么难熬的生活，夜晚总有美好的灯光

这每天的日子，这琐碎的生活。

昨天一天，今天又是一天。我们过着过着，就对这些变得熟视无睹。

不管多么琐屑的生活，掺和着痛苦和悲伤也好，总是在角落里为我们燃着一盏美丽的灯。

让它不要熄灭，持续地照着我们每天平凡的日子。

——《哲学宗教日记》

人生没有什么不合理

| 1
| 6
| 2

人生好像看起来是不合理的。

人生总是暧昧的，前方的未来也是完全不明朗的，突然就会发生一些事情，人生简直就是崎岖路上一场没有地图的暗夜旅行，而且路到底有多长也完全不知道。

虽然如此，人生也不是一团乱麻。混乱不是人生的本质。这种看上去的逻辑混乱，是因为人的见识达不到看透它互相缠绕的深层因素。

当我们能真正严肃地体会到这一点的时候，人生就在通往神圣的路上。

《哲学宗教日记》

人生就像小火车儿戏

小孩子们会排着队玩一种小火车的游戏，最前面的孩子模仿蒸汽机车。当然这个孩子本身并非蒸汽机车，而是被大家看做是蒸汽机车。能够理解这一点才能够开始游戏。

世上的大人和孩子其实没有什么不同，扮演着经理、主任、宗教人士、老师、美女、诗人、作家、工人、艺术家等等。

我们每个人都能够理解每个人的角色，如此这个游戏就得以存在下去。

——《心理学评论》

人生的游戏只有在参与的过程中学习

人只有通过练习和养成习惯，才能用身体体会生活在这个世界上这件事。

应该怎样生存这个问题，不管别人用多么缜密的语言写成书籍来告诉我们，都不能派上一丁点用场。只有通过训练和不断的失败、挑战，才能学会生存的窍门。

这和孩子们学说话是一样的。大人们不会就语言进行讲解，只是让孩子不停模仿。这种训练越多，孩子们就越能够熟练进行语言或者非语言的表达。

参与社会这场游戏也是，在完全的无知状态下加入进来。游戏的规则通过每一次事件而变成体验，从而记忆下来。

可能性只有实现了才算现实

1
6
5

只是有一个可能性，就是说，只是有一个做成什么事的可能，我们就会认为那是一种可以实现的事情，仿佛有着与现实相当的分量。

但是，事实是，不管可能性有多大，它并不是现实，与现实还有很大的差距。

《反哲学的残篇》

答案在科学和语言的逻辑之外

假设我们相信，随着科学的发展，至今无法解决的问题都会在将来得到解决。

但是即便如此，我们每天烦恼的人生问题，仍然不会因此有任何改善，甚至成为改善的助缘都不可能。

因为从一开始，人生的问题就不在科学和语音的逻辑范围之内。所以可以说，人生的问题几乎全部都是蒙着神秘的面纱的。

对于这种神秘我们是没有办法的，只能一个一个地在自己的人生中去独自体验。而且这种体验，我们无法将其变成语言告诉别人。

5.

关于人

167 认为自己永远正确的人是懒惰的

　　觉得自己的意见永远是绝对正确的，总是让同一种倾向的想法在脑中蔓延，所以从来只能得出一种结论。

　　这种状态和偏食的人是一样的。只是重复过去的习惯，对于其他菜肴的味道、其他的看法、完全不同的思维方式一无所知。这种人看上去好像很顽固，又很有意志力，但实际上只是个懒惰者，又胆怯又畏缩而已。

——《哲学研究》

身体的感觉比信念更接近现实

168

把人的信念刺破是件非常困难的事。一个保持某个信念的人，深信这个信念的正确性，根本没有倾听其他意见的心。

这种人往往也不信任自己的身体的感觉，认为感觉这种东西不是太值得信任的。

这个想法不是有点匪夷所思吗？明明身体的感觉一般来说比信念更接近真实。

——《哲学研究》

行动就是一个人的表象

如果你想知道一个人的价值观和善恶判断标准，与其去问他，还有一个更简单的了解方法。

那就是，看他会对什么事物露出微笑，会对什么回头相望，会对什么伸手去拿，会对什么一向爱吃，喜欢一直注视什么，会被什么东西吸引等等。

这个人的所有行动，都在表达着他是一个什么样的人。

——《关于美学、心理学以及宗教信念的讲义和对话》

170

所谓软弱就是不想接受痛苦

一个人可以称为"软弱的"，就是那些活在世上却不愿承担自己应该承受的痛苦的人。

——《哲学宗教日记》

求安乐的人是软弱的

171

所谓"软弱"，和一个"软弱的人"，就是那些尽一切力量逃避痛苦的人。

哪怕只是一点点痛苦也要逃避，哪怕只有一点点快乐，也要追求的那些人。

——《哲学宗教日记》

我们帮助别人的限度

| 1
| 7
| 2

我们在不太需要自己努力和勇气的情况下，在觉得不会太烦的情况下会想到要帮助别人。

如果帮着帮着，觉得自己的面子或者评价因此而受到损害，我们就会把伸出去的援手缩回来。

我们为了自保是有多么懦弱，是有多么恶啊。

——《哲学宗教日记》

人人都对自己手软

只要是人，不管是谁，都会按照利于自己的方式思考。尤其是关于自己的事，无不是放纵宽容的。

比如说自己心底有一个非常无情残忍的想法，或者起了各种非常邪恶的念头，但自己只会认为这不过是一时的幻想，只是稍微设想了一下而已，不会再追究。

但是如果我们发现别人有这些想法，就会认为"这才是他真正的所思所想，他真是个披着人皮的狼。"对他加以无比严厉的谴责。

——《反哲学的残篇》

从游戏中能看出参加者的心灵

174

参加一个游戏，就能把所有参与人员的心灵和性格看得清清楚楚。

这里说的游戏不但包括玩耍和体育竞技，还有工作、人际关系、物理实验、艺术等等所有场合发生的人类故事。

——《哲学宗教日记》

我们不知道自己是谁

被他人夸奖，我们就感到高兴；他人对我们的头衔和身份表示尊重，我们也会高兴。

这里边除了因为自尊心又被恭维了一下之外，还有一个因素就是，通过被人评价为什么样什么样的人，自己得知了自己是谁。

大多数人知道自己拿的是什么，却不知道自己本身是什么，也不知道自己是在什么水平上的人，或者说自己原来什么都不是。所以才会特别在意别人怎样看待自己。

206

　　然而别人的评价不见得正确，自己对自己的评价也靠不住。自己到底是谁，作为人达到了什么层次，自己的可能性的极限在哪里，知道这些问题的人，就变成了个大人物。

——《反哲学的残篇》

做个好人是为了别人

想要在一生中做个好人，或者以认真的态度生活，是一件重要的事。

但是，有的时候这样做是因为自己过于担忧和恐惧。

也有的人这样做是出于正义感。

也有的人，是因为考虑到别人的需要和立场而这样做，这种人应该可以算是幸福的人吧。

——《哲学宗教日记》

爱到深处会想去触摸

一个人真正喜欢的是什么，怎么才能判断呢？

是听他说的话，比如"我最喜欢勃拉姆斯的曲子了。"还是看他感叹的样子，比如"哇哦，多么动听啊，简直完美！"还是看他的表情，或者眼睛的光芒？还是听他反复提起的话题？

一个人最喜欢的东西，就是在他一个人的时候，他会不停地想要接近、凝视和接触的东西。

　　比如他经常挂在嘴边的菜肴、总是在看的书、很旧了依然穿在身上的衣服、总是在嘴里哼哼的小调、总是落座的沙发或者房间。

——《关于美学、心理学以及宗教信念的讲义和对话》

178

「善解人意」的人不一定是真的「理解」了

大家都喜欢善解人意的人，因为他看上去很能理解自己。理解和赞成是非常相近的。而赞成又是站在自己这一边的意思。所以在宠物中狗是比较受欢迎的。

然而狗是因为理解了所以什么都赞成我们吗？因为理解，所以把我们扔出去的球拼命地追上去，再叼回来吗？当然不是，它这种好像是"理解了"的表象只是因为受到训练的结果。

和这个例子一样，有些人通过社会交往的训练变得看起来什么都能理解的样子，而实际上他们是不是真的理解了是另外一回事。

被众人注视的东西生出价值

正因为被人们注视，一样东西才变得有价值。比如说，把不毛之山中的石头当成贵重的宝石。

在那些不能受到注视的东西中，是不会有价值产生的。

人的眼睛有这么大的创造价值的能力。

——《反哲学的残篇》

人类连一株野草都不能靠自己的力量创造

180

摘一些花朵回来，然后放进一个花瓶里，整饬得很美以后，我们的心情就非常好，仿佛我们自己创造了那些花束。

当然这只是一种幻想。我们连那些被我们不经意间踩在脚下的路边的一根小野草都无法制造出来。

——《反哲学的残篇》

脸就是灵魂

脸是什么？脸是身体的一部分。

不对。人的脸，是人的身体之灵魂。

——《反哲学的残篇》

182 人之所以绝望，只是因为相信了自己的判断

绝望的人就像一个拼命叫喊要吃苹果、其他什么都不要的任性孩子一样。

和吃到嘴里的味道不是苹果就不行、又哭又闹的孩子一样，绝望的人认为自己的判断是绝对无误的。

他认为自己感觉到的绝望是一丝一毫都不容置疑的。这种绝望比岩石还要坚固，随着时间的推移更是被冻上万仞寒冰。

所以他不会有超越绝望的思考余地，所以完全想不到他可以从死胡同的天井突围、打破现存的绝望而狭窄的世界。

《哲学宗教日记》

183

假日把工作作为一个东西远眺

假日里让我们把身体从工作中完全解脱出来吧。不要做烦心的事，也不要担心，让心灵和身体都悠闲自得。

而且如果身体从疲劳中得到了修复，我们就可以从远处呆呆地望着工作。

平时因为忙于工作，所以你身置其中，无论如何也只能从微观的视角看它。

所以这时候可以从宏观的角度，把它当做别人的工作一样客观地审视。这样一来，就能发现很多东西，得到很多东西。

《反哲学的残篇》

行动不需要理由

184

我们从椅子上站起来的时候从来不会确认脚是不是还在那里。而是突然就站了起来。

这就是所谓行动。

我们行动的时候其实总是这样的，从来不会慎重地考虑自己的状况和条件。

《论确定性》

不同的解释源于不同的人生经历

我们在人生中即使遇到同样的事情，同样的经历，每个人也会有不同的印象，不同的反应。

可以说这是理解方式的差异，但理解方式的差异又是什么呢？那就是解释的差异。

那么解释的差异又从哪里来的呢？应该是通过自己过去的经验、自己当时的反应，形成了各自不同的解释。

所以，对于现在发生的事情的态度，就是这个人迄今为止是怎样生活着的样子，他将它原原本本地呈现了出来。

过着类似生活的人，道德观念也是一致的

186

大体而言，生活方式类似的人，道德观念也相差无多。他们心中善恶美丑的标准也是一样的。这个看上去好像只是意见和思维方式的一致，其实是生活方式和形式是相同的缘故。

所以，理所当然地，一般市民的道德观和黑社会团伙的道德观是完全不同的。富裕阶层和贫民阶层、天才和凡人、雇佣者和被雇佣者的道德观念也是不同的。

这两种阶层的人不但是生活方式距离遥远，而且生活在不同的现实中。

——《哲学研究》

女性有时候是希望有个男老师

187

比如有某个女人，希望拥有某个男人。这样的话，这个男人就会误会。以为自己对于这个女人来说，是她最爱的人。

其实女人不一定是这样想的。她之所以需要他这个男人，只是因为自己作为社会的一员，作为一个能够独立的女性，希望有一个能够带领自己的男性指导者。

——《哲学宗教日记》

看的不是眼睛而是感觉

虽然是眼睛见到了，但有时候不一定是事实。

不是谁都会用眼睛看东西，但是人的感觉一直在"看"。

比如，睡着的时候，在梦里我们能清楚地"看到"一些东西。所以我们并不是在用眼睛看。

——《维特根斯坦讲义》（上）》

才能就像泉水

189

才能就像汩汩涌出的泉水。

只是这清新的水如果向四周全部喷射出去的话，即使是水量充沛的泉水，对谁也没有什么用处。

——《反哲学的残篇》

190 能够被理解的，尚不是真的天才

所谓的天才，并不是最高级的才能。

所谓的天才，压根就不能让人想起任何有关才能的东西，它是一种压倒性的力量。

如果才能能够被人发现，那么只是说明才能还是比较浅薄的。

——《反哲学的残篇》

天才是把光聚焦在一个点上

191

天才是有光的人。

普通人也有光。在光的量和质方面，天才和普通人是一样的。

然而天才会使用透镜，把光集中在一个点上，让它变成炫目的一束光。

——《反哲学的残篇》

192

时代的先驱，不久就会被时代超越

把当时代先驱这件事视为唯一的优点的话，这样的人很快就会被时代追赶，并最后被时代超过。

——《反哲学的残篇》

分别自他的心产生憎恨

我跟那个家伙不同。他是那样一个人，我跟他绝对不是一个类型。

自己是一个特别的人。自己的尊严和品格都让他们那些人望尘莫及。自己的职位和工作都和那些人的不同，是格外重要的。

把自己和别人分别开来的心会产生憎恨的情绪。

要说世上还有一个没有憎恨和竞争的地方，那一定是其中的所有成员都是像孩子一样的地方。

就是说，人们的心灵一直是敞开的，天真的，没有自我意识，总是能够直爽地承认自己是坏孩子、能够保持淳朴的爱。

《反哲学的残篇》

194 烧了敌人的旗帜，也只是一时的安慰

　　如果有仇恨，就想把对方的名字写在纸上，然后再撕碎。如果爱一个人，就会亲吻他的照片。人们有的时候把敌人的旗帜烧掉，有的时候又对大地恭敬地亲吻。

　　有这种行为的人会相信，通过自己这种对象征物做出的行为，可以对对方产生什么影响吗？

　　当然不是，他们只是通过这种类似迷信的行为，让自己得到短暂的安慰，得到一瞬间的灵魂满足。

——《弗雷泽的〈金枝〉》

6.

关于世界

世界就是人与物互相发生关联的事实

195

只是集中了各种物的地方不能叫做世界。

世界是让人和物发生多种关联的各种事情的总和。

——《逻辑哲学论》

196 比起创造世界，维持世界是更伟大的奇迹

有宗教信仰的人常常说："神创造了世界，这就是最伟大的奇迹。"就算这个人的感叹是实情，确实是神创造了世界，那么说起来"世界"到底是什么呢？

比起创造世界这件事，让这个世界一直维持下去，存在在这里，难道不是更大的奇迹吗？

不对，或许本来创造世界和维持世界就是一回事吧。

就是说，比起创世，神和我们这个世界的关系还要密切。

——《哲学宗教日记》

197
自然并不知道「自然法则」

说世界或者自然是一个自动运转的精密仪器是不对的。说自然现象按照自然规律运动也是不对的。

自然规律不是自然创出来的法则，而是人类通过和自然接触的经验推导出来的单纯的几条法则。

存在的只是人类的逻辑。自然本身和那些规律毫无关系。

所以，比如说明天太阳是否还会升起这种问题，不是按照自然规律回答，而是从一开始就没有任何保证。

——《逻辑哲学论》

因果规律也是人类自己创造的

198

世上的人常常提起的、我们大家也渐渐认为理所当然的规律——"因果报应"是不存在的。

存在的只是自然规律。

或者说，如果说有因果律，那只是存在于物理学和力学的范围内。贯穿始终存在的只有冰冷的逻辑。

或者我们可以这样说。从事情发生的方式来看，人们把它和通过思考创造出来的物理意义上的因果律联系在了一起。

——《逻辑哲学论》

自然法则不过是人的语言

199

自然的变化并非按照自然规律发生的。它只不过是看起来好像如此而已。

因为自然规律其实不过是人类的语言。我们通过观察自然，然后用易懂的语言把它总结了一下而已。

所以自然完全按照另一套规律突然发生巨变也并非是不可思议的。

——《维特根斯坦讲义（上）》

科学信仰让世界变得枯燥乏味

相信科学能说明人类和大自然的人，很快就会觉得人生无味、百无聊赖。

认为自己虽然不是很明白，但自然的形成规律都能靠科学得以解释吧——抱着这样想法的人，渐渐会失去自己的思考，甚至自己的感觉，对什么事情都不再抱有热情。

这样的人看到自然现象不再感到惊异，不再为神秘而感动，结果失去了恐惧和敬畏。

最后他失去了对人的兴趣，觉得活着是一件非常麻烦的事。

——《反哲学的残篇》

迷信从忧虑和恐惧中生，宗教从信赖中生

有人轻易就张口说，宗教不过是迷信的一种。

但对信仰宗教的人而言，两者从最初就毫无共同之处。

因为总的看来，迷信是从忧虑和恐惧中诞生的，而宗教则植根于深深的信赖。

——《反哲学的残篇》

从娱乐中也能学习

当我们想学点什么的时候，为什么一定要去咨询老师或者阅读学者写的书呢？

为什么想放松的时候我们会理所当然地要打开音乐，读一些诗和故事呢？难道我们的音乐和文学就只是用来娱乐的吗？

明明音乐、文学和艺术也是可以当我们的老师的。

——《反哲学的残篇》

不管多小的谎言都不是真实

说了一个小谎。

在那个场合，说个小谎可以让对方和让自己都感到可以接受。这种小谎言是为了不伤害对方、为了让事情顺利过关。

比起把实情和盘托出，夹杂一些微不足道的谎言说出来，会让我们轻松很多。

说真话是一件痛苦的事。

然而这种痛苦的程度，不过是加糖咖啡和清咖啡的差别而已吧。这一差别其实不算什么，然而谎言不管多小，都不再是真实。

《反哲学的残篇》

从司空见惯的事物中发现神秘

204

很多人都喜欢神秘的事物，而且他们无法从每天司空见惯的事物中发现神秘。

所以他们喜欢谈论昨晚的梦，喜欢谈论感情、美、爱、思想等等。可是没有人会谈论起自己房间里的桌子和铅笔。

这是为什么呢？我们平时使用的桌子、铅笔、枕头和鞋子，难道不是和梦、爱、感性等等一样神秘吗？难道大家不知道这些司空见惯的事物也是神秘的吗？

——《心理学评论》

人生与世界的真正的秘密藏在日常生活中

205

　　我们总是觉得，如果到了远方，远离了这让人心烦的、每日重复的日常生活，就一定会有新的发现。我们梦想着某些对人生而言意义更加重大的体验，会在哪里等着我们。

　　然而人们不需要远离日常到另外的地方去，真正的谜底就在我们的生活中。

　　正是在这每天按部就班重复的日子里，藏着人生和世界的深度。如果有一天我们发现了这个秘密，世界的一切都会变得崭新。

——《心理学评论》

不存在偶然的事情

206

即使是那些看起来非常偶然的事情，实际上在它发生之前，已经充分孕育了发生的可能性。

就是说，只是我们认为它是偶然的罢了。

因为我们考虑不周，没能预测到它，继而又惊讶于这种事情的发生，然后把它命名为"偶然的事"。

所以，不管什么时候，"偶然的事"都可能发生。没有什么不可思议的事，而且，一切都是我们自己引致的。

——《逻辑哲学论》

可能性不是现实

我们好像非常喜欢"可能性"。

有时候只是有一个"可能性"而已，我们却觉得现实就在一步开外，只要我们往前一步，一切就变成了现实。

可是，"可能性"不管看起来多么像现实，它也绝不是现实，一丁点儿都不是。

——《哲学文法（下）》

时间不会流逝

"时间过去""时光流逝""时间之流""浪费时间"……我们用着这些词汇，就真的相信了它们。

然而我们真的感觉到时间在"流逝"的时候，只限于一些过程，比方时钟的指针一直在动的过程。

如果没有同时经历一个另外的过程，我们根本不会认为时间在"流逝"。

——《逻辑哲学论》

209 不同背景的人，体验会完全不同

在度假胜地，一个咖啡屋的阳台上，两个人正在下国际象棋。一个人说"将军！"并投下棋子。这一瞬间不用说，赢的人和输的人的心情有天壤之别。

这个时候凑巧过来一位端饮料的年长侍应生，假设他了解国际象棋，他一看到这样的场面，他的心情也异于下棋的两位；倘若是一个年轻侍应生，他对国际象棋的规则一无所知，那么即使他看到这一幕，心情也和前面三位并无相同之处。

假设这时候又有个外国游客过来，他连国际象棋为何物也不知道，他的感觉又截然不同了。

我们虽然经常提到"相同的体验"这种话，但因为每个人的知识结构、理解能力和生活背景不同，体验不可能是相同的。

——《哲学文法（上）》

体罚就好像砸东西出气

　　我们发怒的时候会把碗或者镜子砸碎，捶墙壁，上脚乱踢。这就是所谓的出气。当然了，把东西砸烂也改变不了一丁点现状。

　　然而体罚这种东西，和这种撒泼行径不是一样的行为吗？

　　　　　　　　　　　　　　　　　　　——《弗雷泽的〈金枝〉》

211

用多大的力气都不能让植物发芽

只要有太阳的热量和清洁的水，日照充分的话，植物就会发芽。为了让它及早长出来而使用蛮力，不但不能帮助其生长还可能把它摧残死。

这个道理在其他事情上也是一样。

《反哲学的残篇》

哲学只能像诗一样写作

对我来说，只能把哲学像诗一样写出来。

——《反哲学的残篇》

玫瑰只能生于秽物

213

让我们仔细观察庭院里那些被人百般精心照料的玫瑰。它们的根部堆满了粪肥、腐草等秽物，它们的枝干上还爬着不少虫子。竟然在这样的地方，玫瑰长出了花苞。

写文章也和这玫瑰园仿佛。现在写的这些笨拙的文字，也许会催生出优秀的文稿。

——《反哲学的残篇》

不能生出艺术　单独的鉴赏力 214

只靠高度的鉴赏力无法生出艺术。

具有鉴赏力的人，会对于既有的东西进行雕琢、转换、加工和提炼，让它比原有的样子更加美丽。

这种作品看起来好像是艺术作品，让人们惊艳甚至失语。然而这些并非艺术。

真正的艺术是全新创造的东西，艺术家本人把它表达了出来。所以，对于艺术作品，人们的反应不是惊呆，而是感动。

《反哲学的残篇》

经典就像太阳，入而复出

古代大师的作品就像星辰或者太阳一样。一度升上天空照耀每一个人，一下子又沉没不见。

然而真正的伟大作品，不会一直隐匿，到了一定的时代，它们又会出现在我们面前，依然放射夺目的光辉，依然压倒一切。

——《反哲学的残篇》

神的命令是没有理由的

在《圣经》里，神的旨意说，让我们做这个，做那个。但是却没有给出明确的理由。

假设给出了理由，我们一定会举出数不尽的反对理由，或者阐述很多反对的逻辑和道理。

神的命令多数在我们的理性看来都是非常奇怪的，而且是我们颇不情愿执行的。

所以神命令的"去爱"这句话也是没有理由的规定。

——《反哲学的残篇》

217

神即使不在身边，也是存在着的

虽然爱的人没有随时跟在身边，但如果知道他是在家中的，也就不会像孩子那样，认为自己被抛弃了。

同样的，只要我们不以为自己是被神抛弃了的，就可以安心地生活了。

——《反哲学的残篇》

《圣经》的真伪 无关于科学的真伪

　　有人要对《圣经》中记载的历史的真实性进行考察。他们的理由是，如果能确认书中所记均为历史事实，那么《圣经》就成为一部信史，如果不能确认，那么《圣经》就是虚构的，神的存在当然也是可疑的。

　　这种态度就如同看到一幅风景画，其中有树木，要检查真实世界里这些树木是否真的如画中一样。也如同对一个深信自己被爱的人，索取她被爱的物质证据。

对记载的历史的真伪进行科学考察，来判断《圣经》所言是否属实是荒谬的。只有那些心中有爱的人来阅读《圣经》，只有在爱的维度上，人们才能获得对《圣经》的理解。

而且这种领悟，既不能用数字，也不能用语言表达出来。

——《反哲学的残篇》

7.
关于自己

要真正看到自己，需要勇气

不管做成什么事，都需要勇气。在思考自己的时候也是如此。人一旦关涉自己，就往往以宽宥的眼光看待，把自己当成特别的人物。

自己唯独把自己奉为与众不同的、没有罪愆的独特的人。只要现在这个样子保持不变，就无论何事都有达成的可能。

让我们放弃这种异想天开的美梦，同时也不要一味地"严格要求自己"，而是要拿出勇气，把有关自己的事实，原原本本、毫不扭曲地看在眼里。

——《哲学宗教日记》

自己变了，自己周围的世界就变了

220

不管我们把"自新""修身"的口号喊得多响，我们屡屡还是换一套工具，或者换一个地点，却依然干着同样的事。

我们换了一条路，然后还是走到原来的地点；我们换一张纹样不同的包装纸，然后自己决定把这就叫"新东西"。

以上的都不是，我们应该改变的正是我们自身，我们整个地换一个新的自己，我们周围的世界会跟着一起变化。

——《反哲学的残篇》

想改变世界，先改变自己

你说这个世界太不可理喻了，你要改变世界。

你说希望这个世界变得更加有爱，更加鲜翠欲滴，更加美丽。

你说为了这个目标，需要战争、革命或者流血。

不，完全不是这样。为了这个世界的改变，你先要改变你自己。这样世界就和你一起发生了改变。

而且，你自己如果过得幸福，世界就会变得更大、更有光辉。

——《逻辑哲学论》

222 受了别人的影响，有必要重新回到自身

别人充满善意地和我们打招呼，向我们露出笑容，我们就感到温暖，好心情也会持续一阵子。反过来，如果发生了不愉快的事情，我们的心就会受挫，情绪也会暂时停留在不愉快的气氛中。

受到别人的影响，但还能保持自己的平和心境是一件非常不容易的事。所以，一旦受了别人的影响，回到自己的房间，让自己孤独上一阵子是一个办法。

关上门，至今为止一会儿飞升一会儿压抑的自己就找到了平衡，可以重新回归自身。

——《哲学宗教日记》

不要把自己当成商品

你认为自己是有价值的。所以你觉得对于这件事，有必要让别人认可，让大家以高价来购买自己。

这样一来，你就变成了商品。作为商品的你，和其他东西一样被放在超市的货架上，落了灰的时候，会有店员在开门迎客之前，粗手粗脚地把灰尘掸掉。

现在客人来了，他们注视着作为商品的你，拿你和其他商品作比较。他们用汗湿的手触摸着你。他们把你拿在手里把玩，似乎打算购买。

忽然，他脸上出现了"这种货色我可不稀罕"的表情，重重地又把你放回货架上。

《反哲学的残篇》

空想绝对不会变成现实

做白日梦是件愉快的事。过不多久我就要做这个、做那个，幻想越大，心里越美滋滋的。情绪上也觉得那样的日子马上就要到来了。

然而这些幻想不过是在一个叫"未来"的虚空中画出来的连绵的浮云，那样的现实是绝对不会出现的。

想要让想法变成现实，首先要建立起坚实的平台，然后靠自己的双手，不动摇地坚持下去。

——《反哲学的残篇》

只能接受自己

不管怎么努力，自己的文章总是笨拙的、不流畅的。我们是不是应该承认自己的文采就是这样的。

不管怎么看，自己都不漂亮，这个不漂亮的容颜，要承认是自己的，并接受它。

——《反哲学的残篇》

226

自己以为的自己的性格，
和别人所认为的不同

你能够从外部，也就是像观察别人一样，客观地观察自己的性格吗?

恐怕不行吧。

这就是说，自己所认为的自己的性格，和别人或者朋友们所看到的，是不同的。

《反哲学的残篇》

如果想要理解别人，就去寻找他们身上的自己

我们凭什么认为自己理解了别人，并以此为依据，给别人以同情，或者和别人吵架？是因为语言相通吗？

答案是否定的。只通过语言，我们无法理解别人。

我们之所以能理解别人，是因为在对方身上看到了自己。如果对方拥有完全不同的文化或价值观，或者对方的反应在自己这里找不到共同点的话，我们即使听懂了语言，也依然无法理解。

正因为在对方身上发现了多处和自己相似的东西，我们才能理解对方的心情和想法。

——《哲学研究》

CHOYAKU WITTGENSTEIN NO KOTOBA by Haruhito Shiratori
Copyright © 2014 by Haruhito Shiratori
Original Japanese edition published by Discover 21, Inc., Tokyo, Japan
Simplified Chinese edition is published by arrangement with Discover 21, Inc.

图书在版编目（CIP）数据

　　超译维特根斯坦：你的生存方式就是整个世界 ／（奥地利）路德维希·维特根斯坦（Ludwig Wittgenstein），（日）白取春彦著；李洁译．-- 北京：外语教学与研究出版社，2019.5
　　ISBN 978-7-5135-6621-6

　　Ⅰ．①超… Ⅱ．①路… ②白… ③李… Ⅲ．①维特根斯坦（Wittgenstein, Ludwig 1889-1951）- 哲学思想 - 思想评论 Ⅳ．①B561.59

　　中国版本图书馆 CIP 数据核字 (2019) 第 092474 号

出 版 人　徐建忠
项目统筹　张　颖
项目编辑　姜霁凇
责任编辑　郑树敏
责任校对　徐晓雨
装帧设计　范晔文
出版发行　外语教学与研究出版社
社　　址　北京市西三环北路 19 号（100089）
网　　址　http://www.fltrp.com
印　　刷　北京盛通印刷股份有限公司
开　　本　787×1092　1/32
印　　张　9.5
版　　次　2020 年 1 月第 1 版 2020 年 1 月第 1 次印刷
书　　号　ISBN 978-7-5135-6621-6
定　　价　56.00 元

购书咨询：（010）88819926　电子邮箱：club@fltrp.com
外研书店：https://waiyants.tmall.com
凡印刷、装订质量问题，请联系我社印制部
联系电话：（010）61207896　电子邮箱：zhijian@fltrp.com
凡侵权、盗版书籍线索，请联系我社法律事务部
举报电话：（010）88817519　电子邮箱：banquan@fltrp.com
物料号：266210001

记载人类文明
沟通世界文化
www.fltrp.com